T0169801

LA CROYANCE

QUESTIONS ET RAISONS

Directeur : Michel MALHERBE

LA CROYANCE
Comment savoir ce qu'il faut croire ?

par

Patrick DUPOUEY

avec un texte

de

John LOCKE

Essai sur l'entendement humain, IV, XIV-XIX

PARIS

LIBRAIRIE PHILOSOPHIQUE J. VRIN

6 place de la Sorbonne, V^e

2021

© *Librairie Philosophique J. VRIN*, 2021
Imprimé en France
ISSN 2430-7718
ISBN 978-2-7116-3032-5
www.vrin.fr

PRÉSENTATION DU TEXTE

C'est un bien gros livre – près de mille pages – que cet *Essai sur l'entendement humain*, paru en 1689, que son auteur nous présente comme le fruit de « quelques heures de loisir » et d'une lecture propre à nous « relâcher d'affaires plus importantes ». L'extrait proposé ici en forme à peine le dixième, soit le dernier tiers du IVe et dernier livre. Il n'en fallait peut-être pas moins pour déterminer dans l'histoire de la philosophie occidentale une rupture à ce point décisive, que dans le Discours préliminaire de l'*Encyclopédie*, d'Alembert la compare à celle qu'opéra simultanément Newton dans la physique, en publiant ses *Principes mathématiques de philosophie naturelle*.

Il ne fallut guère attendre (1700) pour que Pierre Coste livre la traduction qui devait faire connaître Locke au pays de Descartes, où hélas on lit beaucoup moins l'*Essai* que le second *Traité du gouvernement civil* ou la *Lettre sur la tolérance*. C'est qu'on ne mesure pas bien à quel point les principes de tolérance et de laïcité que promeut la *Lettre* ont partie liée avec la théorie de la croyance que développe l'*Essai*. Le chapitre « *De l'enthousiasme* » (IV, XIX) explique « d'où vient le penchant que les hommes ont d'imposer leurs opinions aux autres », et les enjoint de « ne pas recevoir une proposition avec plus d'assurance que ne le permettent les preuves sur lesquelles elle est fondée ». Où l'on voit que notre traité est bien autre chose que la plate description de l'univers mental qu'on y a vu quelquefois.

La cohérence qui réunit les différents écrits de Locke s'observe d'abord au niveau de l'*Essai* lui-même, dont la progression est clairement indiquée par le résumé que donne l'auteur de son programme de recherche, au § 3 de l'Avant-propos :

> I. J'examinerai premièrement quelle est l'origine des idées, notions, ou comme il vous plaira de les appeler, que l'homme aperçoit dans son âme, et qu'il a conscience d'avoir en son esprit ; et par quelles voies l'entendement vient à être pourvu de toutes ces idées.
>
> II. Deuxièmement, je m'efforcerai de montrer quelle connaissance l'entendement acquiert par ces idées ; et quelle est la certitude, l'évidence, et l'étendue de cette connaissance.
>
> III. Je rechercherai troisièmement la nature et les fondements de la foi ou de l'opinion ; par où j'entends cet assentiment que nous donnons à une proposition en tant que véritable, mais de la vérité de laquelle nous n'avons pas une connaissance certaine. Et ici s'offrira l'occasion d'examiner les raisons et les degrés de l'assentiment.

Ce programme est rempli en quatre livres : I. *Des notions innées.* II. *Des idées.* III. *Des mots.* IV. *De la connaissance.* De ce dernier livre, nous proposons de lire (à une coupure près) les chapitres XIV à XIX, où Locke réfléchit sur les modalités de la croyance, ses différentes formes et les conditions de sa légitimité.

De l'exécution de ce programme, on retient surtout celle – au sens fort ! – des idées innées, et son pendant positif : l'image de l'esprit comme page blanche, où viennent s'inscrire les idées venues de la sensation et de la réflexion. On ne voit pas toujours le lien qui unit cette critique aux dernières pages du livre, et en particulier au chapitre sur l'enthousiasme, précédemment évoqué. Il faut, pour saisir ce lien, plonger aux sources de l'*Essai*.

À un premier niveau, il est indiqué par l'auteur lui-même dans la Préface : Locke nous apprend que c'est en débattant avec des amis (de morale, de religion, ou encore de médecine, selon certains témoignages) que s'est imposée la conviction qu'aucune question pratique ne pourrait trouver sa solution sans que soient d'abord interrogées les capacités de l'esprit humain en matière de connaissance. L'inspection de la nature et des pouvoirs de l'esprit est le préalable incontournable à toute prise de position sérieuse sur les questions éthiques, politiques ou religieuses. Or, ces questions avaient pris à l'époque de Locke une acuité particulière. La gravité des conflits qui avaient déchiré L'Angleterre pendant un siècle et demi attestait le péril que constituent « ces zélés intraitables dans des partis différents et directement opposés » (IV, XIX, § 11). Nul ne peut lire l'*Essai sur l'entendement humain* sans être frappé du souci de pacification et d'apaisement philosophique, mais aussi religieux, qui s'y manifeste.

Cela conduit à s'interroger, à un second niveau, sur l'identité exacte de l'adversaire visé par Locke dans sa critique de l'innéisme. C'est une question que les études lockéennes ont débattue. Descartes et les cartésiens sont assurément dans le collimateur, mais peut-être pas au centre de la cible. En affirmant l'existence de ces « semences de vérité » déposées par Dieu au fond de l'esprit humain, Descartes ressuscitait, sans trop le dire – l'hommage aux anciens n'était pas son fort – la vieille notion platonicienne de réminiscence. Leibniz, plus disposé à reconnaître « ce que Platon a excellemment bien considéré » (*Discours de métaphysique*, XXVI), s'en autorisera explicitement pour rendre quelque vigueur à une hypothèse supposée avoir été ruinée par Locke.

Or, Herbert de Cherbury, ainsi que des néoplatoniciens de Cambridge, comme Henry More et Ralph Cudworth, soutenaient une version renouvelée de l'innéisme. De même que d'autres courants, qui fondaient le consentement universel aux bases de la moralité et de la religion sur la présence dans l'esprit humain de principes infusés par Dieu. C'était justifier les principes d'autorité et d'infaillibilité, sacraliser les préjugés de la tradition. Et partant, sanctifier tous les arbitraires :

> ce n'était pas un mince avantage pour ceux qui affectaient d'être des maîtres et des docteurs, d'ériger en principe de tous les principes, *"que les principes ne doivent pas être mis en question"* ; car une fois établi ce principe qu'il y a des *principes innés,* leurs sectateurs se trouvaient dans la nécessité de recevoir comme telles certaines doctrines et, privés par ce moyen de l'usage de leur propre raison et du jugement, engagés à croire et à recevoir ces doctrines en toute confiance et sans aucun autre examen. Ainsi installés dans la posture d'une aveugle crédulité, ils pouvaient être plus aisément gouvernés et rendus utiles à cette sorte de gens qui se chargent habilement de leur dicter leurs principes et leur conduite. (*Essai*, I, III, § 24)

On ne saurait nouer plus étroitement le lien qui unit le thème auquel on réduit trop souvent la philosophie de l'*Essai* : la critique de l'innéisme, à celui qui nous intéresse plus spécialement ici : les enjeux de la croyance. Ni par conséquent les premières aux dernières pages de ce grand livre.

Cette continuité est assurée par le cheminement serré d'une *enquête descriptive*. À la quête d'une essence de l'esprit, on préfère l'examen de son fonctionnement, « comme un excellent anatomiste explique les ressorts du

corps humain » dit Voltaire à la 13ᵉ des *Lettres philosophiques*. C'est presque une *phénoménologie* de l'esprit,
dont le lecteur est invité, au fil du texte, à confronter les
conclusions à son expérience propre. Mais l'enquête
poursuit une visée *critique*, particulièrement acérée dans
les analyses de la croyance, passée au crible de la raison.

Cela ne fait pas de Locke un sceptique. Et surtout pas
le sceptique désespéré qu'aurait pu faire de lui une vie de
voyages et d'exil, de lectures et de fréquentations si diverses.
On entend des accents pascaliens dans la méditation du
IIIᵉ chapitre du livre IV (§ 24), sur « l'abîme d'ignorance »
que nous fait apercevoir, depuis « ce petit coin de l'univers »,
« l'extrême distance des parties du monde qui sont exposées
à notre vue ». On peut jusqu'à un certain point parler
d'agnosticisme, mais le chapitre suivant établira « la réalité
de notre connaissance » et « qu'elle n'est pas chimérique ».

L'empirisme ne sert pas davantage de caution à un
antirationalisme. Il y a certes une connaissance intuitive,
mais qui n'est (comme chez Descartes) que l'évidence
immédiate d'idées ou de maximes « proposées à
l'entendement ». Locke n'oppose pas la croyance à la
raison, dont « nous avons un fort grand besoin […] et dans
ce qui appartient à la connaissance, et dans ce qui regarde
l'opinion » (IV, XVII, § 2). Après avoir défini la raison aux
§ 1 à 3 du chapitre XVII, il fait voir, aux § 16 à 24 du même
chapitre, puis au chapitre XVIII, comment elle est au travail
dans les opérations mentales déterminant la croyance,
notamment en matière de foi dans les contenus de la
révélation. Même s'il n'en fait ici qu'un usage assez
prudent, on sera attentif à la distinction qu'introduit Locke
entre ce qui est *au-dessus de la raison* et ce qui est *contraire
à la raison*. Dans tous les cas, c'est à la raison que revient
le dernier mot, puisque « c'est la raison qui doit juger de

la vérité de la révélation » (IV, XIX, § 14). On comprend que le chapitre 18 du livre IV s'achève sur un rejet du fidéisme de Tertullien.

S'il y a en philosophie, comme le croit William James[1], des tempéraments, Voltaire a raison : c'est la modestie qui caractérise celui de Locke[2]. Il faut avouer que « nous sommes nécessairement dans l'ignorance, et que toute sorte de connaissance nous manque » (IV, XVIII, § 1). Ce que nous ne savons pas, il faut bien se contenter de le croire. Mais par un effort persévérant de la raison nous pouvons heureusement – conformément au programme que se donne l'Étude qui suit cet extrait de l'*Essai* – *savoir ce qu'il faut croire*.

Du dernier livre de l'*Essai sur l'entendement humain*, nous proposons les chapitre XIV à XIX du IVe livre de l'*Essai*, en supprimant les § 4 à 8 du chapitre XVII (*De la raison*) consacrés à une longue critique du syllogisme aristotélicien, dont le rapport au thème de la croyance est moins direct.

La traduction est de Patrick Dupouey, d'après la traduction de Jean-Michel Vienne (Paris, Vrin, 2006).

Les notes en bas de page appelées par des numéros dans le texte de Locke sont du traducteur.

---

1. W. James, *Le pragmatisme*, 1re Leçon.
2. « Tant de raisonneurs ayant fait le roman de l'âme, un sage est venu, qui en a fait modestement l'histoire », *Lettres philosophiques*, XIII.

JOHN LOCKE

ESSAI SUR L'ENTENDEMENT HUMAIN

LIVRE IV, CHAPITRES 14 À 19

Chapitre 14 : Le jugement

§ 1. *La connaissance étant limitée, nous avons besoin de quelque chose d'autre.*

Les facultés de l'entendement n'ayant pas été données à l'homme seulement pour la spéculation, mais aussi pour la conduite de sa vie, il serait grandement désemparé s'il n'avait pour le diriger que ce qui a la certitude de la véritable connaissance. Car cette connaissance étant, on vient de le voir, très bornée et très insuffisante, il se trouverait souvent dans une obscurité complète, et dans la plupart des actions de sa vie, il serait totalement impuissant, s'il n'avait rien pour le guider en l'absence de connaissance claire et certaine : celui qui ne mangera pas tant qu'il n'aura pas la démonstration que telle chose le nourrira, celui qui ne bougera pas tant qu'il ne connaîtra pas de façon infaillible que son projet sera couronné de succès, n'aura guère autre chose à faire que de s'asseoir et se laisser mourir.

§ 2. *Quel usage devons-nous faire de cet état de clair-obscur ?*

C'est pourquoi Dieu a exposé certaines choses au grand jour ; Il nous a donné des connaissances certaines, mais limitées à peu de choses en comparaison de ce dont sont capables sans doute les créatures intellectuelles[1], comme

1. Il s'agit des anges.

un avant-goût pour éveiller en nous le désir d'un meilleur état et l'effort pour l'atteindre ; mais, de même pour la majeure partie des choses qui nous concernent, Il nous a donc seulement procuré, pourrais-je dire, le "clair-obscur" de la *probabilité*, convenable je présume à l'état d'imperfection[1] et d'épreuve dans lequel il Lui a plu de nous mettre ici-bas ; en ce lieu, pour contenir notre suffisance et notre présomption, l'expérience quotidienne peut nous rendre sensibles à notre courte vue et notre faillibilité, et cette sensibilité servir de constante admonestation à passer les jours de notre pèlerinage[2] à chercher, et à suivre avec soin et application, la voie qui nous mènera à un état plus parfait. Car, même si la Révélation avait été silencieuse sur ce point, il serait hautement raisonnable de penser que, selon que les hommes auront employé les talents que Dieu leur a remis ici-bas, ils recevront leur récompense à la fin du jour quand leur soleil se couchera et la nuit mettra fin à leurs labeurs.

§ 3. *Le jugement supplée au manque de connaissance.*

La faculté que Dieu a donnée à l'homme pour suppléer au manque de connaissance claire et certaine dans les cas où l'on ne peut l'obtenir, c'est le *jugement* : il permet à l'esprit d'estimer que ses idées conviennent ou disconviennent (ou, ce qui revient au même, qu'une proposition est vraie ou fausse) sans en percevoir l'évidence démonstrative dans des preuves. L'esprit exerce parfois ce *jugement* par

1. *Mediocrity* : médiocrité au sens étymologique ; situation intermédiaire dans l'échelle des êtres, entre l'ignorance complète et le savoir parfait de Dieu ou des « créatures intellectuelles ».

2. *Notre pèlerinage* : notre séjour terrestre.

nécessité : quand des preuves démonstratives et une connaissance certaine ne peuvent être obtenues ; et parfois par paresse, maladresse ou précipitation, même quand des preuves démonstratives et certaines sont accessibles. Souvent les hommes ne s'arrêtent pas pour examiner avec circonspection la convenance ou la disconvenance de deux idées qu'ils cherchent ou ont intérêt à connaître : incapables du degré d'attention que requiert une longue succession d'étapes ou impatients de conclure, ils jettent superficiellement les yeux sur les preuves ou les négligent complètement ; ainsi, sans établir la démonstration, ils décident de la convenance ou de la disconvenance des deux idées en les regardant comme de loin et choisissent l'une ou l'autre selon ce qui leur paraît le plus vraisemblable après un aussi vague examen.

Cette faculté de l'esprit, quand elle s'exerce immédiatement sur les choses, s'appelle *jugement* ; quand on le fait sur les vérités exprimées en mots, on l'appelle plus communément *assentiment* ou *dissentiment* ; comme l'esprit emploie le plus couramment cette faculté de cette dernière façon, j'en parlerai en ces termes, moins sujets à équivoque en notre langue.

§ 4. *Le jugement consiste à présumer, sans en avoir la perception, ce que sont les choses.*

Ainsi l'esprit a-t-il deux facultés portant sur la vérité et la fausseté :

1) la *connaissance*, par où il perçoit avec certitude la convenance ou la disconvenance de certaines idées et s'en trouve convaincu sans doute possible ;

2) le *jugement*, qui consiste à assembler des idées ou à les séparer l'une de l'autre dans l'esprit, quand la certitude

de leur convenance ou de leur disconvenance n'est pas perçue mais *présumée*; ce qui revient, comme l'indique le mot, à l'admettre pour telle avant qu'elle ne se manifeste avec certitude. Et si le jugement unit ou sépare les idées comme elles le sont dans la réalité, c'est un *jugement droit*.

CHAPITRE 15 : LA PROBABILITÉ

§ 1. *La probabilité, c'est la manifestation de la convenance à partir de preuves faillibles.*

De même que la démonstration consiste à montrer la convenance ou la disconvenance de deux idées par l'intermédiaire d'une ou plusieurs preuves qui ont entre elles une liaison constante, immuable et visible, de même la *probabilité* n'est autre que la manifestation d'une telle convenance ou disconvenance par l'intermédiaire de preuves dont le lien n'est pas constant ou immuable (ou du moins n'est pas perçu comme tel) mais l'est dans la plupart des cas (ou paraît l'être), suffisamment pour induire l'esprit à *juger* que la proposition est vraie ou fausse plutôt que le contraire.

Par exemple, quelqu'un perçoit, dans la démonstration, la liaison certaine et immuable d'égalité entre les trois angles d'un triangle et les intermédiaires qu'il utilise pour montrer leur égalité à deux droits ; par connaissance intuitive de la convenance ou de la disconvenance des idées intermédiaires à chaque étape de la progression, toute la série est alors suivie avec une évidence qui montre clairement la convenance ou la disconvenance de ces trois angles avec l'égalité à deux droits ; et il possède par là une connaissance certaine qu'il en est ainsi. Mais quelqu'un d'autre, qui n'a jamais pris la peine d'examiner la démonstration et qui entend un mathématicien, homme de confiance, affirmer que les trois angles d'un triangle sont égaux à deux droits, *donne son assentiment* à cet énoncé, c'est-à-dire l'accepte pour vrai ; en ce cas, le fondement de son assentiment, c'est la probabilité de la chose ; la preuve est du genre de celles qui sont accompagnées, dans la plupart des cas, de vérité : il l'accepte sur le témoignage d'un homme qui n'a pas l'habitude d'affirmer des choses contredisant ou dépassant sa connaissance, spécialement sur les questions de ce genre. Aussi, ce qui cause son assentiment à cette proposition (*Les trois angles d'un triangle sont égaux à deux droits*), ce qui lui fait accepter que les idées s'accordent sans qu'il en ait connaissance, c'est la véracité coutumière du locuteur dans les autres cas, ou sa véracité supposée en celui-ci.

§ 2. *Elle a pour fin de suppléer au manque de connaissance.*

Notre connaissance, on l'a montré, est très limitée et nous ne sommes pas assez heureux pour trouver une vérité certaine en toute chose que nous avons l'occasion de considérer ; aussi, la plupart des propositions sur lesquelles nous pensons, raisonnons, discourons, voire à partir desquelles nous agissons, sont telles qu'il est impossible d'avoir une connaissance indubitable de leur vérité ; certaines pourtant sont si proches de la certitude que nous n'avons absolument aucun doute à leur sujet : nous *donnons notre assentiment* aussi fermement et nous agissons selon cet assentiment de façon aussi décidée, que si elles avaient été démontrées de manière infaillible et que notre connaissance était parfaite et certaine. Mais il y a là des degrés, depuis ce qui est très proche de la certitude et de la démonstration, jusqu'à l'improbabilité et l'invraisemblance, voire jusqu'aux confins de l'impossibilité; et il y a aussi des degrés de l'*assentiment*, depuis la pleine *assurance* et la pleine confiance, jusqu'à la *conjecture*, le *doute* et la *défiance*.

J'en viens maintenant (ayant dégagé, je pense, les limites de la connaissance humaine et de la certitude) à considérer le point suivant : *les divers degrés et motifs de probabilité, d'assentiment et de foi.*

§ 3. *Elle est ce qui nous fait présumer que des choses sont vraies, avant que nous sachions qu'elles le sont.*

La *probabilité*, c'est la ressemblance avec la vérité (la dénotation propre du mot est une proposition pour laquelle existent des arguments ou des preuves qui la font passer ou accepter pour vraie). La manière dont l'esprit prend cette sorte de propositions est appelée *croyance*, *assentiment* ou *opinion*, c'est-à-dire le fait d'admettre ou d'accepter une proposition pour vraie, à partir d'arguments et de preuves qui nous persuadent de la recevoir pour vraie sans connaissance certaine qu'elle soit telle.

Et c'est ici que réside la différence entre *probabilité* et *certitude*, entre *foi* et *connaissance* : en toute partie de la connaissance, il y a intuition; chaque idée immédiate, chaque étape a sa connexion visible et certaine. Il n'en va pas de même pour la croyance : ce qui me fait croire, c'est quelque chose d'extérieur à la chose que je crois, quelque chose qui n'est pas évidemment joint des deux côtés aux idées que l'on considère, et qui ne présente donc pas de façon manifeste leur convenance ou leur disconvenance.

§ 4. *Il y a deux motifs de probabilité : la conformité à notre propre expérience et le témoignage de l'expérience des autres.*

La *probabilité*, puisqu'elle a pour fonction de suppléer aux défauts de connaissance et de servir de guide là où celle-ci est absente, porte donc toujours sur des propositions dont on n'a aucune certitude, mais seulement certaines incitations à les accepter comme vraies. Ces incitations sont en bref les deux suivantes :

1) la conformité d'une chose avec notre propre connaissance, observation et expérience ;

2) le témoignage des autres attestant leur observation et leur expérience. Dans le témoignage des autres, il faut considérer

a) le nombre des témoins,

b) leur intégrité,

c) leur habileté,

d) le but de l'auteur quand le témoignage est une citation de livre,

e) la cohérence des éléments et des circonstances de la narration,

f) les témoignages contraires.

§ 5. *Ici, il faut examiner toutes les convenances entre idées, pour et contre, avant de former un jugement.*

Puisque l'évidence intuitive, qui détermine infailliblement l'entendement et produit une connaissance certaine, fait défaut à la probabilité, *si l'esprit veut procéder rationnellement, il doit examiner tous les motifs de probabilité* et voir comment ils confirment ou infirment plus ou moins telle proposition probable, avant de lui donner ou de lui refuser son assentiment ; puis après avoir bien pesé le tout, il doit la rejeter ou l'accepter avec un assentiment plus ou moins ferme, selon que les motifs de la probabilité sont plus ou moins en faveur d'un côté ou de l'autre. Par exemple :

Si je vois moi-même un homme marcher sur la glace, c'est plus que *probabilité*, c'est connaissance ; mais si quelqu'un d'autre me dit qu'il a vu un homme, en *Angleterre*, au cœur d'un hiver rigoureux, marcher sur l'eau durcie par le froid, cela a tellement de conformité avec ce qui est habituellement observé, que je suis disposé par la nature de la chose elle-même à lui donner mon assentiment, à moins qu'un soupçon manifeste n'entache la relation du fait. Mais si la même chose est racontée à quelqu'un qui est né entre les tropiques, qui n'a jamais vu ni entendu dire une telle chose auparavant, alors toute la probabilité reposera sur le témoignage et selon que les narrateurs sont plus nombreux, de plus grande confiance et qu'ils n'ont aucun intérêt à dire quelque chose qui soit contraire à la vérité, le fait aura plus ou moins de chances d'être cru. Cependant, face à quelqu'un dont l'expérience a toujours été exactement contraire, et qui n'a jamais entendu parler de quelque chose comme cela, le témoin dont la crédibilité peut le moins être suspectée aura toutes les peines à être cru.

C'est ce qui arriva à un ambassadeur *hollandais* qui parlait au roi de Siam[1] des caractéristiques de la *Hollande*, que celui-ci cherchait à connaître : il lui dit entre autres choses que dans son pays, par temps froid, l'eau devenait parfois si dure que les gens marchaient dessus et que, s'il y avait eu un éléphant, l'eau aurait pu le porter. Le roi répliqua : « Jusqu'ici, j'ai cru les choses étranges que vous m'avez dites, parce que je vous considère comme un homme sérieux et honnête, mais maintenant je suis sûr que vous mentez ».

1. *Siam* : ancien nom de l'actuelle Thaïlande.

§ 6. *Les arguments probables sont susceptibles d'une grande variété.*

Voilà les motifs dont dépend la *probabilité* de toute proposition. Et selon que la conformité à notre connaissance, la certitude des observations, la fréquence et la constance de l'expérience, le nombre et la crédibilité des témoignages concordent plus ou moins avec elle ou non, une proposition quelconque est en elle-même plus ou moins probable.

Il existe, je l'avoue, un autre motif de *probabilité*, qui certes en lui-même n'est nullement véritable, mais dont il est pourtant fréquemment fait usage, qui pour beaucoup d'hommes sert de critère pour régler leur assentiment, et plus que tout autre pour définir leur foi : *l'opinion des autres*. Pour appuyer sa croyance, il n'y a pourtant rien de plus dangereux ni de plus propre à égarer, car il y a bien plus de fausseté et d'erreur parmi les hommes que de vérité et de connaissance. Et si les opinions et les convictions des autres, que l'on connaît et que l'on estime, étaient de nature à fonder un assentiment, les hommes auraient des raisons d'être païens au *Japon*, mahométans en *Turquie*, papistes en *Espagne*, protestants en *Angleterre* et luthériens en *Suède*. Mais de ce motif erroné d'assentiment, j'aurai l'occasion de parler plus longuement ailleurs.

CHAPITRE 16 : LES DEGRÉS D'ASSENTIMENT

§ 1. *Notre assentiment doit être réglé en fonction des fondements de probabilité.*

Les fondements de probabilité établis dans le chapitre précédent sont aussi bien les fondements sur lesquels se construit notre *assentiment* que les mesures sur lesquelles sont (ou doivent être) *réglés* ses différents degrés. Quels que puissent être les différents motifs de probabilité, il faut seulement prendre garde qu'ils n'opèrent, sur l'esprit qui cherche la vérité et s'efforce de juger correctement, que dans les limites de leur manifestation, au moins la première fois où l'esprit juge ou cherche. J'avoue que dans les opinions auxquelles les hommes adhèrent fermement à travers le monde, leur *assentiment* ne vient pas toujours d'une vision effective des raisons qui d'abord ont prévalu : dans de nombreux cas, il est presque impossible (et dans la plupart, il est très difficile), même pour ceux qui ont une mémoire admirable, de retenir toutes les preuves qui les ont fait se déclarer pour ce parti après mûr examen. Il suffit qu'une fois, avec soin et sincérité, ils aient passé le sujet au crible aussi loin qu'ils le pouvaient, et qu'ils aient examiné tous les détails qu'ils imaginaient pouvoir éclairer la question, et avec leurs meilleures compétences, pris en compte l'ensemble des preuves. Ayant ainsi trouvé une fois de quel côté la probabilité se manifestait à eux, après une recherche aussi complète et exacte que possible, ils déposent la conclusion dans leur mémoire comme une vérité qu'ils ont découverte et, pour l'avenir, demeurent convaincus par le témoignage de leur mémoire que c'est l'opinion qui mérite, du fait des preuves qu'ils en ont une fois saisies, le degré d'*assentiment* qu'ils lui apportent.

§ 2. *Ces fondements ne peuvent être toujours effectivement sous nos yeux ; il faut donc se contenter de se souvenir qu'une fois on a vu le motif d'un tel degré d'assentiment.*

C'est tout ce que peuvent faire la plupart des hommes pour régler leurs opinions et leurs jugements. À moins qu'on veuille exiger d'eux qu'ils conservent distinctement en mémoire toutes les preuves portant sur n'importe quelle vérité probable, qui plus est suivant l'ordre et la déduction régulière des conséquences dans lesquels ils les ont anciennement disposées ou vues, ce qui suffit parfois, sur une seule question, à remplir un volume entier ; ou que chacun examine chaque jour les preuves de toutes les opinions qu'il soutient. Mais l'un et l'autre sont impossibles. Il est donc inévitable, dans ce cas, de se reposer sur la mémoire, et *que les hommes soient persuadés d'opinions diverses dont les preuves ne sont pas effectivement présentes à leur pensée*, voire sont impossibles à remémorer effectivement. Sans cela, il faudrait que la plupart d'entre eux soient entièrement sceptiques ou changent d'opinion à tout moment, pour se soumettre à quelqu'un qui vient d'étudier la question et présente des arguments auxquels ils sont incapables de répondre sur-le-champ, faute de mémoire.

§ 3. *Conséquence néfaste de cela, si le premier jugement n'a pas été fait correctement.*

Je dois reconnaître que l'entêtement des hommes dans leur jugement passé et la fermeté avec laquelle ils adhèrent aux conclusions tirées autrefois est souvent cause d'obstination dans l'erreur. Mais la faute n'est pas de se reposer sur la mémoire pour décider de ce dont on a auparavant bien jugé, mais d'avoir jugé avant d'avoir bien examiné.

Ne peut-on trouver un grand nombre d'hommes (pour ne pas dire la plupart) qui pensent avoir formé des jugements corrects sur plusieurs questions, pour la seule raison qu'ils n'ont jamais pensé autrement ? Qui s'imaginent avoir jugé correctement seulement parce qu'ils n'ont jamais mis en question, jamais examiné leurs propres opinions ? Ce qui revient à estimer avoir jugé correctement parce qu'on n'a absolument jamais jugé. Ce sont pourtant eux qui, entre tous, soutiennent leurs opinions avec le plus de rigidité. Ceux qui sont les plus féroces et les plus déterminés dans leurs principes sont ceux qui les ont le moins examinés.

Une fois qu'une chose est connue, nous sommes certains qu'elle est telle que nous la connaissons, et nous n'avons pas à nous inquiéter de preuves cachées dont la découverte pourrait renverser notre connaissance ou la révoquer en doute. Mais en matière de probabilité, nous ne pouvons pas être sûrs, à chaque fois, d'avoir devant nous tous les points particuliers qui d'une façon ou d'une autre concernent la question, et qu'il n'y a pas, derrière, une preuve demeurée hors de vue, qui pourrait rejeter la probabilité de l'autre côté et contrebalancer tout ce qui sur le moment semble l'emporter. Où est celui qui ait le loisir, la patience et les moyens de rassembler toutes les preuves concernant la plupart de ses opinions, de manière à conclure en toute sécurité qu'il a une vision claire et complète, et qu'on ne peut plus rien alléguer en faveur d'une meilleure instruction?

Et pourtant nous sommes bien forcés de nous déterminer pour un côté ou l'autre. La conduite de la vie et la gestion de nos intérêts majeurs ne souffrent aucun délai; ils dépendent pour la plupart de la détermination de jugements sur des points où aucune connaissance certaine et démonstrative ne nous est accessible, et où nous sommes dans la nécessité de nous ranger d'un côté ou de l'autre.

§ 4. *La bonne façon d'en user consiste dans une charité et une indulgence mutuelles.*

Il est donc inévitable que la plupart des hommes, sinon tous, aient des opinions diverses sans preuves certaines et indubitables de leur vérité; par ailleurs, ils s'exposeraient par trop au grief d'ignorance, de légèreté ou de dérangement de l'esprit, en renonçant à leurs anciennes croyances sitôt que leur serait présenté un argument auquel ils ne peuvent répondre sur-le-champ en montrant son insuffisance ; aussi conviendrait-il à tous les hommes, je pense, de préserver la *paix* et les devoirs communs d'humanité et de bienveillance *au milieu de la diversité d'opinions*, puisque nous ne pouvons raisonnablement espérer que quelqu'un abandonne de bonne grâce et servilement ses propres opinions pour adhérer aux nôtres dans une aveugle abdication devant une autorité que l'entendement de l'homme ne reconnaît pas. Car bien qu'il puisse souvent se tromper, l'entendement ne reconnaît d'autre guide que la raison et ne peut se soumettre à la volonté et aux décisions d'un autre.

Si celui que vous voudriez amener à vos sentiments est quelqu'un qui examine avant de donner son assentiment, vous devez lui laisser le loisir de revenir sur la question et, en se remémorant ce qui a échappé à son esprit, d'examiner tous les détails pour voir de quel côté est l'avantage ; et s'il ne pense pas que nos arguments aient assez de poids pour s'engager de nouveau dans un tel effort, il ne fait que ce que nous faisons nous-mêmes souvent dans des cas semblables : nous prendrions mal que d'autres nous prescrivent alors les points que nous devrions étudier. Et si c'est quelqu'un qui choisit ses opinions en faisant confiance à autrui, comment peut-on imaginer qu'il renonce à ses dogmes, si bien installés dans son esprit par le temps et la coutume qu'il les estime évidents par eux-mêmes et d'une certitude incontestable, ou qu'il les prend pour des impressions reçues de Dieu lui-même ou d'hommes envoyés par Lui ? Comment s'attendre, dis-je, à ce que des opinions aussi installées se rendent aux arguments ou à l'autorité d'un étranger ou d'un adversaire, spécialement s'il y a soupçon d'un intérêt ou d'une intention, ce qui ne manque pas de se produire dès que les hommes se sentent maltraités ?

Nous ferions mieux de compatir à nos ignorances communes et de nous efforcer de les dissiper dans les voies douces et justes de l'information, plutôt que de traiter d'emblée les autres d'obstinés et de pervers, sous prétexte qu'ils ne renoncent pas à leurs opinions, qu'ils n'acceptent pas les nôtres ou au moins celles auxquelles on voudrait les contraindre : alors qu'il est plus que probable que nous ne sommes pas moins obstinés à ne pas embrasser certaines de leurs opinions. Car où est l'homme qui détient l'évidence incontestable de la vérité de tout ce qu'il soutient, ou de la fausseté de tout ce qu'il condamne ? Ou qui peut dire qu'il a examiné à fond toutes ses opinions ou celles des autres hommes ?

La nécessité de croire sans connaître, voire de croire souvent sur des fondements très ténus, dans l'état instable d'action et d'aveuglement où nous sommes, devrait nous rendre plus occupés et plus attentifs à notre propre instruction qu'à contraindre autrui. À tout le moins, ceux qui n'ont pas examiné complètement et jusqu'au fond toutes leurs croyances, doivent confesser qu'ils ne sont pas les personnes qualifiées pour les prescrire aux autres ; qu'ils sont déraisonnables de leur imposer de tenir pour vrai ce qu'eux-mêmes n'ont pas examiné, ce dont la probabilité n'a pas fait l'objet d'une pesée argumentée, à partir de laquelle ceux-là devraient l'accepter ou le refuser. Ceux qui ont honnêtement et réellement examiné et sont de ce fait parvenus au-delà du doute dans toutes les doctrines qu'ils professent et sur lesquelles ils se gouvernent, auraient une prétention plus légitime à exiger des autres qu'ils les suivent. Mais ils sont si peu nombreux, ils trouvent tellement peu de raisons de se montrer péremptoires dans leurs opinions, qu'on ne peut redouter de leur part nulle forme d'insolence ou d'arrogance. Et il y a des raisons de penser que si les hommes étaient eux-mêmes mieux instruits, ils seraient moins dogmatiques envers les autres.

§ 5. *La probabilité concerne soit un point de fait soit une spéculation.*

Mais pour en revenir aux motifs de l'assentiment et à ses divers degrés, il faut noter que les propositions acceptées pour raison de *probabilité*, sont *de deux sortes* : elles concernent soit une existence singulière (ou, comme on la nomme habituellement, un fait) qui tombe sous l'observation et peut donc relever du témoignage humain, soit des choses qui dépassent ce que les sens peuvent découvrir et ne relèvent donc d'aucun témoignage de cette sorte.

§ 6. *La convenance de notre expérience avec celle de tous les autres hommes produit une assurance proche de la connaissance.*

1) Là où une chose singulière conforme à l'observation constante de nous-mêmes et d'autrui, dans les mêmes situations, se trouve attestée par les rapports concordants de tous ceux qui la mentionnent, nous l'acceptons aussi facilement et nous construisons sur elle aussi fermement que s'il s'agissait d'une connaissance certaine, puis nous raisonnons et agissons à partir de là avec aussi peu de doute que s'il s'agissait d'une démonstration parfaite. Ainsi, si tous les Anglais à qui il arrive d'en parler affirmaient qu'il a gelé l'hiver dernier en Angleterre ou qu'on y a vu en été des hirondelles, je pense qu'on en douterait presque aussi peu que de sept et quatre font onze.

Par conséquent, le premier *degré de probabilité et le plus haut* est atteint lorsque le consentement général de tous les hommes dans tous les siècles, pour autant qu'on puisse le connaître, concorde avec l'expérience constante et jamais contredite en pareil cas, dans la confirmation de la vérité d'un fait particulier attesté par des témoins honnêtes. Sont de ce genre la constitution et les propriétés établies des corps, ainsi que les enchaînements réguliers de causes et d'effets dans le cours ordinaire de la nature. C'est ce qu'on appelle un argument à partir de la nature des choses mêmes. Car ce qui s'est trouvé, selon l'observation constante des autres hommes et de la nôtre, toujours de la même manière, on conclut à juste titre que c'est l'effet de causes stables et régulières, même si elles ne sont pas à la portée de notre connaissance. Ainsi, *le feu a réchauffé quelqu'un, il a fait fondre le plomb, il a changé la couleur et la consistance du bois ou du charbon de bois, le fer s'enfonce dans l'eau et flotte sur le vif-argent* : toutes ces propositions et leurs semblables à propos de faits particuliers sont conformes à notre expérience constante, chaque fois que nous avons affaire à ces matières ; on en parle en général (quand d'autres les mentionnent) comme de choses qui se trouvent constamment ainsi ; personne ne le conteste, et on ne peut donc mettre en doute qu'un récit affirmant qu'une telle chose a existé, ou que l'assertion : « Cela arrivera encore de la même manière », soient tout à fait vrais.

Ces *probabilités* approchent tellement de la *certitude* qu'elles gouvernent la pensée de façon aussi absolue et ont une influence aussi entière sur les actions que la démonstration la plus évidente. Et en ce qui nous concerne, nous faisons peu de différence, voire aucune, entre elles et une connaissance certaine : la croyance ainsi fondée atteint l'*assurance*.

§ 7. *Le témoignage et l'expérience incontestables produisent dans la plupart des cas la confiance.*

2) *Au degré suivant de probabilité*, je trouve par ma propre expérience et l'accord de tous les autres qui en font mention, qu'une chose est telle pour l'essentiel, et que le cas particulier est attesté par beaucoup de témoins indubitables. Par exemple, l'histoire nous présente les hommes de tous les siècles, et mon expérience propre (dans la mesure où j'ai eu l'occasion de les observer) le confirme, comme préférant pour la plupart leur avantage privé à l'intérêt public ; si tous les historiens qui ont écrit sur Tibère disent que Tibère a agi ainsi, c'est extrêmement probable[1]. Et en ce cas notre assentiment a un motif suffisant pour atteindre le degré que l'on peut nommer *confiance*.

§ 8. *Un témoignage honnête portant sur une chose de nature indifférente produit aussi une croyance confiante.*

3) Dans les choses indifférentes, par exemple qu'un oiseau vole de tel ou tel côté, qu'il tonne à droite ou à gauche, etc., quand un fait particulier est attesté par le témoignage concordant de témoins indiscutés, alors on ne peut se soustraire à l'assentiment. Ainsi, qu'existe en *Italie* une ville telle que *Rome*, qu'il y a 1700 ans ait vécu là un homme appelé *Jules César*, qu'il ait été général, et qu'il ait gagné une bataille contre un autre général nommé Pompée[2], il n'y a rien, dans la nature de ces choses, qui les confirme ni ne les infirme ; cela est néanmoins rapporté

1. *Tibère* : deuxième empereur de Rome, de 14 à 37. Les études contemporaines ne valident pas la réputation de tyran cruel que lui ont faite Tacite et Suétone, et à laquelle Locke se fie ici pour choisir son exemple.
2. César vainquit Pompée à la bataille de Pharsale, en 48 av. J.-C.

par des historiens fiables et n'est contredit par aucun écrivain ; donc personne ne peut se dispenser d'y croire ni ne peut en douter plus qu'il ne doute de l'existence et des actions de ses connaissances, dont il est lui-même témoin.

§ 9. *Expériences et témoignages contradictoires : variations infinies des degrés de probabilité.*

Jusque-ici, les choses sont assez simples. La probabilité sur de tels motifs comporte tellement d'évidence qu'elle détermine naturellement le jugement et laisse aussi peu de liberté de croire ou de ne pas croire, que la démonstration n'en laisse de savoir ou d'être ignorant.

La difficulté survient quand les témoignages contredisent l'expérience commune et que les récits de l'histoire et des témoins s'opposent entre eux ou au cours ordinaire de la nature ; c'est là que sont requis soin, attention, exactitude, pour former un jugement droit et proportionner l'*assentiment* à la preuve[1] et à la probabilité différentes de la chose ; cette probabilité croît ou décroît selon que les deux motifs de crédibilité (l'observation commune de cas semblables et les témoignages particuliers sur des cas particuliers) l'appuient ou la contredisent. Ces motifs sont soumis à de telles variations (observations, conditions, récits contraires ; différences de qualités, d'humeurs, de desseins, d'omissions

---

1. § 1 : « Preuve » traduit ici l'anglais « *evidence* », mot difficile à traduire. Il n'a pas la signification française d'une vérité qui, s'imposant immédiatement à l'esprit, n'a besoin d'aucune preuve. L'anglais « *evidence* » désigne tout ce qui peut être invoqué à l'appui d'un jugement ou d'une opinion, ce qui témoigne en leur faveur. C'est ce qui possède le caractère d'une preuve ou d'une attestation. L'« *evidence* » doit être distinguée de la « *self-evidence* », expression qui désigne l'évidence immédiate de ce qui s'impose de soi-même, sans le secours d'aucune preuve ; on est alors proche de l'acception française du mot « évidence ».

des narrateurs) qu'il est impossible de ramener à des règles précises les différents degrés de l'assentiment accordé par les hommes.

Tout ce qu'on peut dire en général, c'est que de même qu'après avoir été dûment examinés, en pesant précisément chaque circonstance particulière, les arguments et les preuves pour ou contre paraîtront au bout du compte à chacun avantager plus ou moins un côté, de même ils sont propres à produire dans l'esprit les différentes attitudes correspondantes, que l'on nomme *croyance, conjecture, estimation, doute, hésitation, défiance, incrédulité*, etc.

§ 10. *Les témoignages de la tradition : plus ils remontent loin, moins ils prouvent.*

Voilà ce qui concerne l'*assentiment* dans les questions où l'on a recours au témoignage ; à ce sujet, je pense qu'il ne serait pas mal à propos de relever une règle observée dans la loi d'*Angleterre* : bien que la copie d'un Acte soit une preuve valable, la copie d'une copie, même parfaitement attestée par les témoins les plus crédibles, ne sera pas admise comme preuve en justice. Cette règle est approuvée de façon si générale comme raisonnable et appropriée à la sagesse et à la prudence à respecter dans la recherche de vérités importantes, que jamais encore je n'ai entendu parler de quelqu'un qui la blâmât. Si cette pratique est valable pour les décisions portant sur le juste et l'injuste, elle implique cette observation : plus un témoignage est éloigné de la vérité d'origine, moins il a de force probante. L'être et l'existence de la chose même, voilà ce que j'appelle *vérité d'origine*. Un homme fiable se portant garant de sa connaissance du fait, c'est une preuve valable ; mais si quelqu'un d'autre, de fiabilité égale, témoigne sur le rapport du premier, le témoignage est plus faible ; et un troisième qui atteste l'ouï-dire d'un ouï-dire est encore moins valable. Ainsi *pour les vérités portées par la tradition, chaque étape affaiblit la force de la preuve*; et plus sont nombreuses les mains par lesquelles, successivement, la tradition est passée, moins celle-ci en tire de force et d'évidence.

J'ai jugé nécessaire de prendre note de ce point, parce que je constate que chez certains, la pratique courante est exactement inverse : ils estiment que les opinions gagnent en force en devenant plus anciennes ; et ce qui, il y a mille ans, n'aurait pas du tout paru probable à un homme raisonnable, contemporain du premier témoin, se recommande maintenant de la certitude, au-delà de tout doute, pour la seule raison que plusieurs à partir de celui-là l'ont depuis transmis les uns aux autres. Sur cette base, des propositions évidemment fausses ou assez douteuses au tout début, en viennent à passer, par une inversion de la règle de probabilité, pour des vérités authentiques. Et on estime que celles qui ont reçu et mérité peu de crédit dans la bouche de leur premier auteur, sont maintenant devenues vénérables par l'âge, et on les présente comme incontestables.

§ 11. *Pourtant l'histoire est fort utile.*

Je ne voudrais pas qu'on pense que je restreins ici l'autorité et l'utilité de l'*histoire* : en de nombreux cas, c'est d'elle que nous recevons toute la lumière, et nous en tirons une grande partie des vérités utiles dont nous disposons, avec une évidence convaincante. Je pense que rien n'a plus de prix que les récits de l'Antiquité et je souhaiterais qu'on en ait davantage et de moins corrompus.

Mais la vérité elle-même me force à dire qu'aucune *probabilité* ne peut s'élever plus haut que son origine. Ce qui n'a d'autre preuve que le témoignage unique d'un seul témoin, doit tenir ou tomber par ce seul témoignage, bon, mauvais ou neutre ; et, même s'il est cité ensuite par cent autres, les uns à la suite des autres, loin de recevoir par là la moindre force, il n'en devient que plus faible. La passion, l'intérêt, l'inattention, l'erreur sur le sens et un millier de raisons étranges ou de caprices (impossibles à découvrir) qui font agir les hommes, peuvent faire que l'un rapporte de façon erronée les mots d'un autre ou leur sens. Qui a jamais tant soit peu examiné les citations d'écrivains ne peut mettre en doute que les citations méritent peu de crédit quand les originaux manquent ; et l'on peut encore moins se fier par conséquent aux citations de citations. Ce qui est certain, c'est que ce qui a été affirmé à une époque sur des bases fragiles ne peut jamais devenir plus valide dans les siècles suivants du fait de répétitions fréquentes. Mais plus la chose s'éloigne de l'original, moins elle est valide ; et elle a toujours moins de force dans la bouche ou sous la plume du dernier qui l'utilise que chez celui dont il l'a reçu.

§ 12. *Dans les choses que les sens ne peuvent découvrir, l'analogie est la grande règle de probabilité.*

Les probabilités mentionnées jusqu'ici sont seulement celles qui concernent les faits et les choses susceptibles d'observation et de témoignage. Il reste cette autre sorte, à propos desquelles les hommes ont des opinions (avec des degrés d'assentiment différents), bien que les choses, étant par leur nature *inaccessibles aux sens, ne soient pas susceptibles de témoignage.* Telles sont :

1) L'existence, la nature et les opérations des êtres finis immatériels en dehors de nous : les esprits, les anges, les démons, etc., ou l'existence des êtres matériels que les sens ne peuvent percevoir, soit à cause de leur petitesse

en eux-mêmes, soit à cause de leur éloignement ; par exemple : y a-t-il des plantes, des êtres animés et des habitants intelligents sur les planètes et dans les autres demeures de ce vaste univers ?

2) Concernant les modes opératoires dans la plupart des œuvres de la nature : on en voit les effets sensibles, mais leurs causes sont inconnues et l'on ne perçoit pas la façon dont ils sont produits. On voit que les êtres animés sont engendrés, nourris et qu'ils se meuvent, que l'aimant attire le fer, et que les parties d'une chandelle fondent puis s'enflamment et nous fournissent à la fois lumière et chaleur. Ces effets et les effets similaires sont vus et connus ; mais les causes qui opèrent et la façon dont elles se produisent, on ne peut que les deviner et conjecturer de façon probable ; ces causes et leurs semblables ne tombent en effet pas sous l'observation des sens humains, ne peuvent être examinées par eux ni attestées par qui que ce soit ; elles ne peuvent donc paraître plus ou moins probables qu'en fonction de leur plus ou moins grande convenance avec les vérités qui sont établies dans l'esprit et de leur rapport aux autres parties de la connaissance et de l'observation. L'*analogie* est dans ces domaines le seul secours que nous ayons, et c'est d'elle seule que nous tirons tous nos motifs de probabilité.

Ainsi, en observant que le seul fait de frotter vivement deux corps l'un sur l'autre produit de la chaleur et très souvent même du feu, nous avons sujet de penser que ce qu'on appelle chaleur et feu consiste en une violente agitation des éléments infimes et imperceptibles de la matière qui brûle.

En observant de même que la diversité de réfraction des corps transparents produit dans nos yeux les différentes manières d'apparaître des diverses couleurs, et aussi que les diverses façons d'arranger et de poser les parties superficielles de plusieurs corps comme du velours, de la soie moirée, etc., ont le même effet, nous jugeons probable que la couleur et l'éclat des corps ne sont en eux-mêmes que la diversité d'arrangement et de réfraction de leurs éléments infimes et insensibles.

De la même manière, voyant qu'entre toutes les parties de la Création qui tombent sous l'observation humaine, il y a une liaison progressive sans lacune importante ou discernable de l'une à l'autre, que dans l'immense variété des choses que l'on voit dans le monde si étroitement liées ensemble qu'il n'est pas aisé de découvrir les limites qui séparent les divers ordres d'êtres, nous avons sujet d'être persuadés que, par une pareille marche insensible, les choses s'élèvent en degrés de perfection. C'est une question difficile que de déterminer où commencent le sensible et le rationnel et où finissent l'insensible et l'irrationnel ; et qui a l'esprit assez pénétrant pour déterminer avec précision quel est le plus bas degré des espèces vivantes et quel est le premier de celles qui sont dépourvues de vie ? Les choses, pour autant que nous puissions les observer, diminuent et augmentent comme la quantité dans un cône régulier : s'il y a un écart manifeste entre les grandeurs de diamètres distants, la différence entre le supérieur et l'inférieur lorsqu'ils se touchent est à peine discernable ; la différence est extrême entre certains hommes et certains animaux, mais si l'on compare l'entendement et les capacités de certains hommes et de certaines bêtes, on trouvera si peu de différences qu'il sera difficile de dire que l'entendement de l'homme est le plus clair ou le plus étendu. Observant, dis-je, de pareils dégradés insensibles dans les parties inférieures de la Création qui sont au-dessous de l'homme, la règle de l'analogie rend probable qu'il en soit de même pour les choses situées au-dessus de nous et de notre observation ; et qu'il y ait plusieurs ordres d'êtres intelligents qui nous dépassent en plusieurs degrés de perfection, s'élevant vers la perfection infinie du Créateur par degrés et différences légères, chacune à distance minime de la suivante.

Cette sorte de probabilité, le meilleur guide pour mener des expérimentations rationnelles et dresser des hypothèses, a aussi son utilité et son influence ; et un raisonnement prudent à partir de l'analogie conduit souvent à la découverte de vérités et de productions utiles qui autrement seraient restées cachées.

§ 13. *Un cas où l'expérience contraire n'affaiblit pas le témoignage.*

Bien que l'expérience commune et le cours ordinaire des choses aient à juste titre une influence puissante sur l'esprit des hommes, jusqu'à leur faire donner ou refuser crédit à toute chose proposée à leur croyance, il existe pourtant un cas où l'étrangeté du fait rapporté n'entame pas l'assentiment à un témoignage sincère. Là où des événements surnaturels sont ordonnés aux fins visées par Celui qui a le pouvoir de changer le cours de la nature, là, dans ces circonstances, ils peuvent être d'autant plus à même de procurer une croyance qu'ils sont au-delà de l'observation ordinaire ou la contredisent. C'est le cas spécifique des *miracles* qui, bien attestés, trouvent non seulement crédit pour eux-mêmes mais le communiquent aussi aux autres vérités qui ont besoin d'une telle confirmation.

§ 14. *Le pur témoignage de la Révélation divine est la plus haute certitude*

Outre les propositions dont on vient de parler, il en est une sorte qui rivalise avec le plus haut degré d'assentiment fondé sur un simple témoignage, que la chose énoncée concorde ou non avec l'expérience commune et le cours ordinaire des choses. La raison en est que le témoignage vient de quelqu'un qui ne peut ni tromper ni se tromper, Dieu lui-même : il comporte alors une assurance au-delà de tout doute, une évidence sans réserve. C'est ce qu'on appelle d'un nom particulier : la *révélation*, et l'assentiment que nous lui donnons s'appelle la *foi* : elle détermine aussi absolument l'esprit et exclut aussi parfaitement toute hésitation que la connaissance elle-même ; et nous pouvons aussi bien douter de notre être propre que de la vérité d'une révélation de Dieu.

De telle sorte que la foi est un principe stable et sûr d'assentiment et d'assurance ; elle ne laisse aucune place pour le doute et l'hésitation. Nous devons seulement être sûrs qu'il s'agit d'une révélation divine et que nous la comprenons bien ; autrement nous nous exposerons à toutes les extravagances de l'enthousiasme et à toutes les erreurs des principes erronés, si nous mettons notre foi et notre assurance dans ce qui n'est pas de révélation divine. Dans ces cas, l'assentiment ne peut donc être rationnellement plus élevé que la garantie qu'il s'agit d'une révélation, et que tel est bien le sens des expressions dans lesquelles elle est transmise. Si la garantie qu'il s'agit d'une révélation ou que c'est son sens vrai repose seulement sur des preuves probables, l'assentiment ne peut atteindre plus que l'assurance ou la défiance émanant de la probabilité plus ou moins apparente des preuves.

Mais de la foi et de la préséance qu'elle doit avoir sur les autres arguments propres à persuader, je parlerai plus par la suite, là où j'en traite en opposition à la raison, comme on le fait d'ordinaire ; mais en réalité, la foi n'est rien d'autre qu'un assentiment fondé sur la plus haute raison.

CHAPITRE 17 : LA RAISON

§ 1. *Différentes significations du mot raison.*

Le mot raison a dans la langue anglaise différentes significations : il désigne parfois des principes vrais et clairs ; parfois des déductions justes et claires de ces principes ; et parfois la cause et particulièrement la cause finale. Mais l'aspect sous lequel je le considérerai ici est une signification différente de toutes celles-là : à savoir une faculté de l'homme, cette faculté qui distingue, suppose-t-on, l'homme des bêtes et où il les surpasse évidemment de beaucoup.

§ 2. *En quoi consiste raisonner.*

Si la connaissance générale consiste, comme on l'a montré, en une perception de la convenance ou de la disconvenance entre nos propres idées, et si la connaissance de l'existence de toutes les choses hors de nous (excepté seulement d'un Dieu dont chaque homme peut connaître et démontrer avec certitude l'existence pour lui-même à partir de sa propre existence) peut être obtenue seulement par nos sens, quelle place y a-t-il pour la mise en œuvre d'une faculté autre que le sens externe et la perception interne ? Quel besoin y a-t-il de la raison ?

Ce besoin est fort grand, tant pour étendre la connaissance que pour régler l'assentiment ; car la raison a de quoi faire, aussi bien dans la connaissance que dans l'opinion, et elle est nécessaire pour toutes les autres facultés intellectuelles qu'elle assiste ; elle en renferme à la vérité deux : la *sagacité* et l'*inférence*. Par la première, elle découvre et par la seconde elle ordonne les idées intermédiaires, de manière à trouver la liaison qu'il y a en chaque maillon de la chaîne qui fait tenir ensemble les extrêmes ; par là, elle offre au regard, pour ainsi dire, la vérité recherchée ; c'est ce qu'on appelle l'*illation* ou *inférence*, qui ne consiste en rien d'autre que la perception de la liaison entre les idées à chaque étape de la déduction ; l'esprit parvient ainsi à voir soit la convenance (ou la disconvenance) certaine de deux idées (comme dans la démonstration, qui nous fait parvenir à la connaissance), soit leur liaison probable à laquelle il donne ou retient son assentiment (comme dans l'opinion).

Le sens et l'intuition ne vont pas très loin ; la plus grande part de notre connaissance dépend de déductions et d'idées intermédiaires. Et dans les cas où nous sommes contraints de mettre l'assentiment à la place de la connaissance et de recevoir pour vraies des propositions sans être certain qu'elles le soient, il faut nécessairement trouver, examiner et comparer les motifs de leur probabilité. Dans les deux cas, la faculté qui découvre les moyens et les applique bien, pour découvrir la certitude dans le premier cas et la probabilité dans l'autre, est ce que nous appelons *raison*. Car de même que la raison perçoit la liaison nécessaire et indubitable de toutes les idées (ou preuves) entre elles, à chaque étape de la démonstration qui produit la connaissance, de même elle perçoit la liaison probable de toutes les idées (ou preuves) entre elles, à chaque étape d'un discours auquel elle juge devoir donner son assentiment.

C'est là le degré inférieur de ce que l'on peut véritablement appeler *raison*. Car là où l'esprit ne perçoit pas cette liaison probable, là où il ne discerne pas s'il y a une telle liaison ou non, les opinions des hommes ne sont pas le produit du jugement ou le fruit de la raison, mais les effets du hasard, de l'errance d'un esprit irrésolu et sans direction.

§ 3. *La raison, ses quatre degrés.*

Nous pouvons donc considérer *quatre degrés* dans la *raison* : le premier, le plus élevé, est de découvrir et de dégager des preuves ; le second, leur disposition réglée et méthodique pour les mettre en un ordre clair permettant de percevoir facilement et clairement leur liaison et leur force ; le troisième est de percevoir leur connexion ; et le quatrième, de tirer la conclusion correcte. On peut observer ces différents degrés en toute démonstration mathématique ; mais c'est une chose de percevoir la liaison à chaque étape quand la démonstration est faite par quelqu'un d'autre, une autre de percevoir la dépendance de la conclusion par rapport à toutes les étapes ; une troisième de produire soi-même une démonstration clairement et avec ordre ; et c'est quelque chose de différent de tout cela d'avoir le premier trouvé les idées intermédiaires ou preuves pour le faire.

Nous avons écarté les paragraphes 4 à 8, consacrés à une critique de l'utilité du syllogisme pour la connaissance. Cette forme de raisonnement, dont la théorie fut élaborée par Aristote et perfectionnée par la scolastique, n'est bonne aux yeux de Locke qu'à mettre a posteriori *en forme des opérations que la raison effectue de façon plus rapide et moins rigide sans son secours ; quand elle n'obscurcit pas purement et simplement ces opérations. Le syllogisme*

*laisse de côté les moments décisifs de la découverte et de
la saisie intuitive des rapports. L'inspiration de cette
critique, que Descartes avait déjà amorcée, est caractéristique de la modernité philosophique et des Lumières,
dont Locke est ici un représentant.*

§ 9. *1) La raison nous fait défaut par manque d'idées.*

La raison pénètre dans les profondeurs de la terre et
de la mer, elle élève les pensées aussi haut que les étoiles
et conduit l'homme à travers les vastes espaces et les
demeures immenses de cet édifice grandiose ; il s'en faut
pourtant de beaucoup qu'elle saisisse même l'étendue
réelle des êtres corporels, et il y a beaucoup de cas où elle
nous fait défaut ; ainsi :

1) Elle nous fait totalement défaut *là où les idées font
défaut*. Elle ne s'étend pas, ni ne peut s'étendre au-delà
des idées. Et donc, partout où l'on n'a aucune idée, le
raisonnement s'arrête et l'on arrive au bout du compte. Et,
si à un moment on raisonne sur des mots qui ne représentent
aucune idée, on raisonne uniquement à propos de ces sons
et de rien d'autre.

§ 10. *2) Parce que nos idées sont souvent obscures et imparfaites.*

2) Notre raison est souvent perplexe et embarrassée *à
cause de l'obscurité, de la confusion ou de l'imperfection
des idées sur lesquelles on en fait usage*, et l'on est alors
empêtré dans des difficultés et des contradictions. Ainsi,
n'ayant aucune idée parfaite du minimum d'extension de
la matière, ni de l'infini, nous sommes embarrassés sur la
divisibilité de la matière ; mais, ayant des idées parfaites,
claires et distinctes, du nombre, la raison ne rencontre

aucune de ces difficultés inextricables sur les nombres, et ne se trouve enfermée dans aucune contradiction à leur propos. Ainsi encore, n'ayant que des idées imparfaites des opérations de notre esprit et du commencement de leur mouvement, ainsi que de la manière dont l'esprit les produit en nous, et ayant des idées encore plus imparfaites de l'opération de Dieu, nous nous enfonçons, à propos des agents créés libres, dans de grandes difficultés dont la raison ne parvient pas à bien s'extraire.

§ 11. *3) Parce que nous ne percevons pas les idées intermédiaires.*

3) La raison est souvent acculée parce qu'elle ne perçoit pas les idées qui pourraient servir à montrer la convenance ou la disconvenance certaines ou probables de deux autres. Et en ce domaine, les facultés de certains hommes dépassent largement celles des autres. Jusqu'à la découverte de l'algèbre, grand instrument et grand exemple de la sagacité humaine, les hommes ont regardé avec étonnement plusieurs démonstrations des anciens mathématiciens, et ils pouvaient à peine s'empêcher de penser que la découverte de plusieurs de ces preuves avait quelque chose de plus qu'humain.

§ 12. *4) À cause de faux principes.*

4) *En travaillant sur de faux principes*, l'esprit est souvent engagé dans des absurdités et des difficultés, mené en des impasses et des contradictions, sans savoir comment s'en libérer ; et dans ces cas, il est inutile d'implorer l'aide de la raison, si ce n'est pour découvrir la fausseté de ces faux principes et en conjurer les effets. La raison est si loin d'éclaircir les difficultés dans lesquelles tombe celui qui bâtit sur de fausses fondations, qu'elle l'embrouille

encore davantage à mesure qu'il persévère, et le plonge dans des embarras d'autant plus profonds.

§ 13. *5) Parce que nous employons souvent des termes incertains.*

5) De même que la raison s'empêtre dans les idées obscures et imparfaites, de même et pour la même raison si l'on n'y prend pas garde, les *mots ambigus* et les signes incertains, au fil des discours et des argumentations, mettent souvent la raison dans l'embarras et la conduisent dans une impasse. Mais dans ces deux derniers cas, la faute n'en incombe pas à la raison, mais à nous-mêmes ; les conséquences n'en sont pas moins manifestes et les confusions et les erreurs dont l'esprit des hommes s'en trouve imbu peuvent s'observer partout.

§ 14. *Le plus haut degré de connaissance est intuitif, sans raisonnement.*

Certaines des idées qui sont dans l'esprit sont telles que, par elles-mêmes, elles peuvent être immédiatement comparées l'une avec l'autre ; et dans ces idées, l'esprit est à même de percevoir si elles conviennent ou disconviennent, aussi clairement qu'il les voit elles-mêmes. Ainsi l'esprit perçoit-il qu'un arc de cercle est plus petit que le cercle entier, aussi clairement qu'il perçoit l'idée de cercle. Et cela, comme je l'ai dit, je l'appelle *connaissance intuitive* ; elle est certaine, au-delà de tout doute ; elle ne requiert aucune preuve et ne peut en recevoir aucune, car elle est la plus haute de toutes les certitudes humaines. En elle, réside l'évidence de toutes ces *maximes* dont personne ne doute, mais – et c'est plus que donner comme on dit son assentiment – que chacun reconnaît comme vraies à l'instant même où elles sont proposées à son entendement. Dans la découverte de ces vérités et dans l'assentiment qu'on leur donne, la faculté discursive n'est d'aucun usage, *il n'est pas nécessaire de raisonner* : elles sont connues par un degré supérieur d'évidence. Et, s'il m'est permis de faire des conjectures sur des choses inconnues, j'incline à penser que c'est ce que les anges possèdent dès maintenant, et que les esprits des hommes justes devenus parfaits possèderont dans un état futur[1], sur des milliers de choses qui pour le moment échappent entièrement à notre appréhension, ou bien que notre raison à courte vue n'a que fugitivement entraperçues et que nous cherchons à tâtons dans l'obscurité.

§ 15. *Le suivant est la démonstration par raisonnement.*

Mais bien que nous ayons ici et là un peu de cette claire lumière, quelques éclairs de cette connaissance brillante, la plupart de nos idées sont telles que nous ne pouvons discerner leur convenance ou leur disconvenance en les comparant immédiatement. Et pour toutes celles-là, nous avons *besoin de raisonner* et nous devons, par le discours et l'inférence, faire nos découvertes. Or il y a, au sein de cette catégorie, deux sortes d'idées, que je vais me permettre de mentionner à nouveau[2] :

1) Celles dont la convenance ou la disconvenance ne peut être vue en les rapprochant immédiatement, mais doit être examinée par l'intervention d'autres idées qui peuvent être comparées avec elles. En ce cas, quand la convenance ou la disconvenance de l'idée intermédiaire avec les deux idées auxquelles de chaque côté on veut la comparer, est pleinement discernée, alors on parvient à la démonstration,

---

1. Cet « état futur » consiste dans la béatitude des élus au Paradis.
2. Locke les avait mentionnées en IV, xv, 1-2.

et on produit une connaissance qui, quoique certaine, n'est pas toutefois aussi facile ni tout à fait aussi claire que la *connaissance intuitive*. Parce que dans cette dernière, il y a uniquement une intuition simple où il n'y a pas place pour la moindre erreur ou le moindre doute : la vérité est vue parfaitement, d'un coup. Dans la démonstration, c'est vrai, il y a aussi intuition, mais pas entièrement et d'un seul coup. Car, il doit y avoir, quand on compare le *moyen* (ou idée intermédiaire) avec une idée, souvenir de l'intuition de la convenance du *terme moyen* avec l'autre idée comparée auparavant. Et quand il y a de nombreux *termes moyens*, alors le danger d'erreur est plus grand. Car chaque convenance ou disconvenance des idées doit être observée et vue à chaque étape de la série, et retenue dans la mémoire exactement telle qu'elle est ; et l'esprit doit être sûr qu'aucune pièce de ce qui est nécessaire pour construire la démonstration n'est omise ou négligée. C'est ce qui rend certaines démonstrations longues et compliquées, et trop difficiles pour ceux qui n'ont pas la vigueur intellectuelle pour percevoir distinctement et garder en tête tant de détails de façon ordonnée ; et même ceux qui sont aptes à maîtriser des spéculations aussi intriquées sont obligés parfois de les reprendre ; et il faut plus d'une reprise avant de parvenir à la certitude. Mais là où l'esprit retient clairement l'intuition qu'il a eue de la convenance d'une idée avec une autre, et de celle-ci avec une troisième, puis avec une quatrième, etc., la convenance de la première et de la quatrième est une démonstration et produit une connaissance certaine qui peut être appelée *connaissance rationnelle*, comme l'autre est *intuitive*.

§ 16. *Pour pallier la limitation des connaissances démonstrative et intuitive, nous n'avons que le jugement à partir du raisonnement probable.*

2) Il y a aussi des idées dont on ne peut juger la convenance ou la disconvenance que par l'intervention d'autres idées qui n'ont pas avec les extrêmes une convenance certaine, mais une convenance habituelle ou vraisemblable ; c'est ici qu'est mis en œuvre le *jugement* au sens propre : l'esprit acquiesce au fait que des idées concordent, en les comparant avec des termes *moyens* probables. On ne s'élève jamais ainsi jusqu'à la connaissance, pas même à ce qui en est le plus bas degré ; pourtant les idées intermédiaires lient parfois si fermement les extrêmes et la probabilité est si claire et forte que l'assentiment s'ensuit aussi nécessairement que la connaissance s'ensuit de la démonstration. L'excellence dans l'usage du jugement consiste à examiner correctement chaque probabilité et à faire une estimation vraie de son poids et de sa force, pour ensuite en calculer le bilan global et adopter le parti du côté duquel penche la balance.

§ 17. *Intuition, démonstration, jugement.*

La *connaissance intuitive* est la perception de la convenance ou de la disconvenance certaines de deux idées immédiatement comparées entre elles.

La *connaissance rationnelle* est la perception de la convenance ou de la disconvenance certaines de deux idées par l'intervention d'une ou de plusieurs autres idées.

Le *jugement* consiste à penser ou à admettre que deux idées conviennent ou disconviennent, par la médiation d'une ou plusieurs idées dont l'esprit ne perçoit pas avec certitude la convenance ou la disconvenance mais dont il a observé qu'elle était fréquente et ordinaire.

§ 18. *Enchaînements de mots et enchaînements d'idées.*

Bien que déduire une proposition d'une autre, ou faire une *inférence sur des mots*, soit une importante fonction de la raison, celle pour laquelle on l'utilise habituellement, l'acte principal du raisonnement est quand même de trouver la convenance ou la disconvenance de deux *idées* l'une avec l'autre, par l'intervention d'une troisième ; comme un homme découvre grâce à un instrument de mesure que deux maisons, qu'il ne pourrait rapprocher afin d'en mesurer l'égalité par *juxta*position, ont la même longueur. Les mots ont leurs enchaînements en tant que signes des idées correspondantes, et les choses concordent ou non en fonction de ce qu'elles sont en réalité ; mais on ne l'observe que par les idées.

§ 19. *Quatre sortes d'arguments.*

Avant d'abandonner cette question, il vaut sans doute la peine de réfléchir quelque peu sur *quatre sortes d'arguments* qu'utilisent ordinairement les hommes en raisonnant avec d'autres, afin de se rendre maîtres de leur assentiment ou au moins de les intimider suffisamment pour les réduire au silence.

1) Argumentum ad verecundiam[1].

Le premier consiste à alléguer l'opinion de gens à qui les qualités, la culture, l'éminence, le pouvoir ou toute

---

1. *Ad verecundiam* : L'argument qui consiste à invoquer le respect (latin *verecundia*) dû à l'autorité ; et à faire honte (autre sens de *verecundia*) à celui qui ose la contester. Commentant Locke, Leibniz donne cette définition : « *argumentum ad verecundiam*, quand on cite l'opinion de ceux qui ont acquis de l'autorité par leur savoir, rang, puissance ou autrement ; car lorsqu'un autre ne s'y rend pas promptement, on est porté à le censurer comme plein de vanité, et même à le taxer d'insolence », *Nouveaux essais sur l'entendement humain*, IV, XVII, § 9.

autre cause ont acquis un nom et une réputation dans l'estime publique, et conféré une certaine autorité. Quand quelqu'un a acquis une certaine dignité, on estime que c'est pour les autres manquer de modestie que de déprécier cette dignité en mettant en question l'autorité de ceux qui la possèdent. On est porté à critiquer, comme trop orgueilleux, celui qui ne se rend pas immédiatement à la décision d'auteurs reconnus, acceptée d'habitude avec respect et soumission par les autres ; et l'on considère comme de l'insolence de se faire une opinion personnelle et de s'y tenir contre le courant ordinaire de ce qui est ancien, ou de l'opposer à celle d'un savant docteur ou d'un auteur estimé pour d'autres raisons. Celui qui appuie ses dogmes sur ces autorités se croit tenu de prendre leur parti, et est enclin à taxer d'impudence quiconque se dresse contre elles. C'est ce qu'on peut appeler, je pense, *argumentum ad verecundiam*.

§ 20. *2) Argumentum ad ignorantiam*[1].

Un autre moyen que les gens utilisent habituellement pour amener les autres, en les y forçant, à soumettre leur jugement et à souscrire à l'opinion qu'ils contestent, est de sommer l'adversaire d'admettre ce que ces gens-là allèguent comme preuve, ou bien d'en produire une meilleure. C'est ce que j'appelle *argumentum ad ignorantiam*.

1. *Ad ignorantiam* : argument par l'ignorance. L'adversaire est disqualifié par son incapacité à fournir des raisons satisfaisantes de son désaccord.

§ 21. *3) Argumentum ad hominem* [1].

Une troisième façon est de presser quelqu'un par les conséquences tirées de ses propres principes ou de ce qu'il a lui-même concédé ; ce qui est déjà connu sous le nom d'*argument ad hominem*.

§ 22. *4) Argumentum ad judicium* [2] *; seule cette quatrième façon nous fait avancer dans la connaissance et le jugement.*

La quatrième façon consiste à utiliser des preuves tirées de n'importe lequel des fondements de la connaissance ou de la probabilité. Je l'appelle *argumentum ad judicium* ; c'est le seul parmi les quatre qui nous apporte une véritable instruction et nous fasse avancer sur la voie de la connaissance. Car :

a) De ce que je ne veux pas contredire quelqu'un d'autre par respect ou pour toute autre considération (la conviction exceptée), il ne s'ensuit pas que son opinion soit juste.

b) Que je ne connaisse pas de meilleure voie que la sienne, ne prouve pas qu'un autre soit dans la bonne, et que je doive prendre la même que lui.

c) De ce qu'un homme m'a montré que je suis dans la mauvaise voie, il ne s'ensuit pas non plus qu'il soit, lui, dans la bonne.

---

1. *Ad hominem* : littéralement, argument destiné à frapper « l'homme », c'est-à-dire l'adversaire-même que l'on combat dans la discussion, et qui pour cela ne vaut que contre lui. Il peut utiliser une erreur ou une incohérence dans le discours de l'interlocuteur, mais aussi viser tel trait de sa personnalité, propre à disqualifier la thèse qu'il soutient (par exemple un riche qui ferait l'apologie de la frugalité).

2. *Ad judicium* : par le jugement.

Il se peut que je sois modeste et que pour cette raison je n'attaque pas l'opinion de quelqu'un d'autre ; que je sois ignorant et incapable d'en produire une meilleure ; que je sois dans l'erreur et que quelqu'un d'autre me montre que c'est le cas. Tout cela me disposera peut-être à recevoir la vérité, mais ne m'aidera pas à y parvenir. Ce qui ne peut se faire que par des preuves et des arguments et par la lumière surgissant de la nature des choses elles-mêmes, et non du fait de mon air honteux, de mon ignorance ou de mon erreur.

§ 23. *Au-dessus de, contraire et conforme à la raison.*

Ce qui vient d'être dit de la *raison* nous permet de tenter une distinction entre les choses, selon qu'elles sont conformes à la raison, au-dessus d'elle ou contraires à elle.

a) Sont *conformes à la raison* les propositions dont la vérité peut être découverte en examinant, et en suivant à la trace, les idées que l'on reçoit de la *sensation* et de la *réflexion*, et que l'on peut trouver vraies ou probables par déduction naturelle.

b) Sont *au-dessus de la raison* les propositions dont la vérité ou la probabilité ne peut être dérivée de ces principes par la raison.

c) Sont *contraires à la raison* les propositions qui sont en contradiction avec nos idées claires et distinctes, ou inconciliables avec elles.

Ainsi l'existence d'un Dieu est conforme à la raison ; l'existence de plus d'un Dieu est contraire à la raison ; la résurrection des morts est au-dessus de la raison.

En outre, de même qu'*au-dessus de la raison* peut être pris en un double sens – signifiant soit au-dessus de la probabilité, soit au-dessus de la certitude – de même aussi *contraire à la raison* peut parfois être pris, je suppose, en ce sens large.

§ 24. *Raison et foi ne s'opposent pas.*

Il existe un autre usage du mot *raison*, où on l'oppose à *foi* ; en soi, c'est une façon très impropre de parler ; mais l'usage commun l'a autorisée et ce serait de la folie de s'y opposer ou d'espérer la corriger. Je crois seulement qu'il ne serait pas mal à propos de noter que, même si la *foi* est opposée à la raison, la *foi* n'est qu'un assentiment ferme de l'esprit ; s'il faut le régler, comme c'est notre devoir, il ne doit être accordé que pour une bonne raison, et donc il ne peut être opposé à la raison. Celui qui croit sans avoir aucune raison de croire peut bien être amoureux de ses propres fantaisies, mais il ne cherche pas la vérité comme il le doit, ni ne rend à son Créateur l'obéissance qui Lui est due, Lui qui voudrait que l'homme utilise les facultés de discernement qu'Il lui a données pour le préserver de la méprise et de l'erreur. Celui qui ne le fait pas au mieux de ses capacités, peut certes parfois tomber sur la vérité, mais il n'est dans le vrai que par hasard, et je ne sais si la chance de la rencontre peut excuser l'irrégularité dans sa façon de procéder.

Ce qui du moins est certain, c'est qu'il doit être responsable des méprises, quelles qu'elles soient, dans lesquelles il tombe. Tandis que celui qui utilise la Lumière et les facultés que Dieu lui a données, qui cherche sincèrement à découvrir la vérité par les secours et les capacités dont il dispose, peut, en faisant son devoir comme une créature rationnelle, avoir cette satisfaction : s'il manque la vérité, il n'en manquera pas la récompense. Car celui qui, en quelque situation ou sur quelque sujet que ce soit, croit ou refuse de croire selon que sa raison l'y conduit, dirige correctement son assentiment et le donne comme il faut ; celui qui agit autrement pèche contre sa propre lumière et abuse de ses facultés, qui ne lui ont été données pour aucune autre fin que chercher et suivre l'évidence la plus claire et la probabilité la plus grande.

Mais, puisque certains présentent la raison et la foi comme opposées, il faut les considérer sous cet angle dans le chapitre suivant.

CHAPITRE 18 : DE LA FOI ET DE LA RAISON ; ET DE LEURS DOMAINES RESPECTIFS

§ 1. *Nécessité de connaître leurs frontières.*

Il a été montré ci-dessus que :

– nous sommes par nécessité ignorants et dépourvus de toutes les sortes de connaissance, là où les idées nous font défaut ;

– nous sommes ignorants et dépourvus de connaissance rationnelle, là où les preuves nous font défaut ;

– nous sommes dépourvus de connaissance générale et de certitude, dans la mesure où nous sommes dépourvus d'idées spécifiques, claires et déterminées ;

– nous sommes dépourvus de probabilité pour guider l'assentiment, dans les questions où nous n'avons ni connaissance par nous-mêmes ni témoignage des autres sur lesquels appuyer notre raison.

À partir de ces prémisses, je pense que nous pouvons arriver à établir les portées respectives de la foi et de la raison, et les frontières qui les séparent : ne pas l'avoir fait a sans doute été dans le monde la cause, sinon de grands désordres, du moins de grandes disputes et peut-être de grandes méprises. Car, tant que l'on n'a pas résolu la question de savoir jusqu'où nous pouvons être conduits par la raison et jusqu'où nous pouvons l'être par la foi, c'est en vain que nous débattrons et que nous tâcherons de nous convaincre les uns les autres en matière de religion.

§ 2. *Ce que sont foi et raison, en tant qu'on les oppose.*

Je constate que dans chaque secte on utilise volontiers la raison aussi longtemps qu'elle sert mais que, dès qu'elle vient à faire défaut, on s'écrie : « C'est un point de foi, c'est au-dessus de la raison ! ». Mais je ne vois pas comment ces gens-là peuvent argumenter avec qui que ce soit, ni jamais convaincre un contradicteur qui utilise la même justification, sans poser des frontières précises entre *foi* et *raison*, alors que ce devrait être le premier point établi dans toutes les questions qui ont quelque chose à voir avec la *foi*.

Par *raison*, ici en tant qu'opposée à *foi*, je comprends donc la découverte de la certitude ou de la probabilité de propositions auxquelles l'esprit parvient par déductions à partir des idées qu'il a obtenues par l'emploi de ses facultés naturelles (sensation et réflexion).

La *foi*, quant à elle, est l'assentiment à une proposition, produit non par les déductions de la raison, mais en vertu du crédit qu'on accorde à celui qui la présente comme venant de Dieu par quelque voie extraordinaire de communication. Cette façon de découvrir des vérités aux hommes, nous l'appelons *révélation*.

§ 3. *Aucune idée simple nouvelle ne peut être transmise par révélation traditionnelle.*

Ainsi, premièrement, je prétends qu'*aucun homme inspiré par Dieu ne peut communiquer aux autres, par quelque révélation que ce soit, la moindre idée simple nouvelle* qu'ils n'auraient pas déjà reçue de la sensation ou de la réflexion. Car quelles que soient les impressions qu'il puisse lui-même recevoir immédiatement de la main de Dieu, cette révélation, si elle consiste en nouvelles idées simples, ne peut être transmise à autrui, que ce soit par mots ou par quelque autre signe. Parce que les mots ne causent, par leur opération immédiate sur nous, aucune autre idée que celles de leur son naturel. Et c'est par l'habitude de les utiliser comme signes qu'ils excitent et réveillent dans l'esprit des idées latentes – mais seulement celles qui s'y trouvaient déjà. Car les mots, qu'ils soient vus ou entendus, ne font revenir à la pensée que les idées dont, par habitude, ils sont devenus pour nous les signes ; mais ils ne peuvent introduire aucune idée simple parfaitement nouvelle inconnue auparavant. Il en va de même pour les autres signes, qui ne peuvent signifier pour nous des choses dont nous n'avons eu auparavant absolument aucune idée.

Ainsi, de tout ce qui a été découvert à saint Paul quand il fut enlevé au troisième Ciel[1], de toutes les nouvelles idées reçues là par son esprit, la seule description de ce lieu qu'il put donner aux autres fut : il y a là « ce que l'œil n'a pas vu, que l'oreille n'a pas entendu et qu'il n'a pas été donné au cœur de l'homme de concevoir »[2]. Et à supposer que Dieu découvre surnaturellement à quelqu'un (que ce soit possible, personne ne peut le nier) une espèce de créatures (habitant par exemple *Jupiter* ou *Saturne*) qui posséderait six sens, et imprime dans son esprit les idées introduites dans l'esprit de ces créatures par ce sixième sens, Il ne pourrait produire par des mots dans l'esprit d'autres hommes les idées imprimées par ce sixième sens.

---

1. *Cf.* 2ᵉ *Épitre aux Corinthiens*, XII, 2-4.
2. 1ʳᵉ *Épitre aux Corinthiens*, II, 9.

Pas plus que l'un d'entre nous ne peut introduire par le son de mots la moindre idée d'une couleur chez quelqu'un qui aurait quatre sens parfaits mais à qui manquerait totalement, depuis toujours, le cinquième : la vue.

Pour nos idées simples donc, qui sont le fondement et la seule matière de toutes nos notions et de toute connaissance, nous ne pouvons que dépendre entièrement de notre raison, je veux dire de nos facultés naturelles ; et nous ne pouvons en aucune manière les recevoir, même certaines d'entre elles, de la *révélation traditionnelle*. Je dis *révélation traditionnelle*, par opposition à *révélation originale* : par cette dernière, j'entends cette impression première faite immédiatement par Dieu sur l'esprit d'un homme, et à laquelle on ne peut mettre aucune limite ; par la première, j'entends ces impressions transmises à d'autres par des mots et par les façons ordinaires de communiquer entre nous nos conceptions.

§ 4. *La révélation traditionnelle peut nous faire connaître des propositions connaissables également par la raison, mais pas avec la même certitude que la raison.*

Deuxièmement, je dis que *peuvent être aussi découvertes et transmises à partir de la révélation les vérités qui nous sont accessibles par la raison* et par les idées que nous pouvons avoir naturellement. Ainsi, Dieu pourrait dévoiler par révélation la vérité d'une proposition d'*Euclide*, de même que les hommes parviennent par l'usage naturel de leurs facultés à en faire eux-mêmes la découverte. Pour toutes les choses de ce genre, la *révélation* n'est ni très nécessaire ni très utile, Dieu nous ayant dotés de moyens naturels plus sûrs pour parvenir à les connaître. Car toute vérité que nous parvenons à découvrir clairement à partir de la connaissance et de l'observation de nos idées, sera toujours pour nous plus certaine que celle qui nous est transmise par *révélation traditionnelle*. Notre connaissance que cette *révélation* vient originellement de Dieu ne peut en effet jamais être aussi sûre que la connaissance que nous tenons de la perception claire et distincte de nos propres idées; par exemple, s'il avait été révélé il y a quelques siècles que les trois angles d'un triangle sont égaux à deux droits, je pourrais donner mon assentiment à la vérité de cette proposition sur la foi de la tradition selon laquelle cela a été révélé; mais cela n'atteindrait jamais au même niveau de certitude que la connaissance par comparaison et mesure de mes idées de deux angles droits et des trois angles d'un triangle.

Il en va de même pour les faits connaissables par nos sens; par exemple, l'histoire du Déluge nous est transmise par les Écritures, qui ont leur origine dans la Révélation; pourtant personne, je pense, ne dira qu'il a une connaissance aussi claire et certaine du Déluge que *Noé* qui l'a vu, ou que s'il avait alors lui-même été vivant et l'avait vu. Car l'assurance qu'il a que cela est écrit dans le livre supposé écrit par Moïse inspiré, n'est pas plus grande que celle de ses sens; mais lui-même n'est pas aussi assuré que Moïse a écrit ce livre que s'il avait vu Moïse l'écrire. Aussi l'assurance que c'est une révélation est-elle encore moindre que l'assurance de ses sens.

§ 5. *La révélation ne peut être admise contre la claire garantie de la raison.*

Ainsi, dans les propositions dont la certitude est bâtie sur la perception claire de la convenance ou de la disconvenance de nos idées, perception obtenue soit par intuition immédiate (comme dans les propositions évidentes par elles-mêmes) soit par déductions évidentes de la raison (dans les démonstrations), on n'a pas besoin de l'assistance de la *révélation*, comme si elle était nécessaire pour obtenir notre assentiment et introduire ces propositions dans notre esprit : cela parce que les moyens naturels de connaissance pourraient les y installer – ou l'ont déjà fait – et c'est la plus grande assurance que nous puissions avoir de quoi que ce soit, sauf quand Dieu nous le révèle immédiatement ; et là aussi, notre assurance ne peut être plus grande que la connaissance qu'il s'agit bien d'une *révélation* venant de Dieu.

Pourtant rien, je crois, ne peut à un tel titre ébranler ou renverser la connaissance claire, ou prévaloir rationnellement chez un homme, jusqu'à lui faire admettre pour vrai ce qui est en contradiction directe avec la claire évidence de son propre entendement. En effet, puisqu'aucune évidence de nos facultés dont nous recevons ces révélations ne peut dépasser ni même égaler la certitude de notre connaissance intuitive, nous ne pouvons jamais recevoir pour vrai quelque chose qui est directement contraire à notre connaissance claire et distincte. Par exemple, les idées d'un corps unique et d'un lieu unique conviennent si clairement, et l'esprit a la perception si évidente de leur convenance, que l'on ne peut jamais donner son assentiment à une proposition qui affirme que le même corps se trouve simultanément en deux lieux séparés, même si elle prétend à l'autorité d'une *révélation* divine. En effet la preuve que, *premièrement*, on ne se trompe pas en l'attribuant à Dieu et que, *deuxièmement*, on comprend bien la proposition, ne peut jamais être aussi forte que l'évidence de notre propre connaissance intuitive, qui nous permet de discerner qu'il est impossible pour le même corps d'être en deux lieux à la fois.

Et par conséquent *aucune proposition ne peut être reçue comme révélation divine* ou obtenir l'assentiment

dû à toute proposition de cette sorte, *si elle contredit la
claire connaissance intuitive*; ce serait subvertir les
principes et les fondements de toute connaissance, de toute
preuve et de tout assentiment. Il ne resterait plus aucune
différence entre vérité et fausseté; il n'y aurait plus nulle
part au monde de mesure du croyable et de l'incroyable,
si des propositions douteuses avaient la priorité sur les
propositions évidentes par elles-mêmes et si ce que l'on
connaît avec certitude devait céder le pas à ce qui peut être
erroné.

C'est pourquoi, s'agissant de propositions contraires
à la convenance ou à la disconvenance clairement perçues
entre n'importe quelles idées, il est vain de faire valoir
qu'elles relèvent de la *foi*. Elles ne peuvent déterminer
l'assentiment à ce titre ou à quelque titre que ce soit, car
la *foi* ne peut jamais persuader de quelque chose qui
contredit la connaissance. Bien que la *foi* soit fondée sur
le témoignage de Dieu (qui ne saurait mentir), quelque
proposition qu'Il nous révèle, nous ne pouvons pourtant
être plus assurés de son statut divinement révélé que de
notre connaissance. Toute la force de la certitude dépend
en effet de notre connaissance que Dieu a révélé cette
proposition; ce qui, dans le cas présent, où la proposition
prétendument révélée contredit notre connaissance et notre
raison, sera toujours exposé à l'objection suivante : nous
ne saurions dire comment il est possible de concevoir que
vienne de Dieu (auteur bienfaisant de notre être) ce qui
doit renverser, si on le tient pour vrai, tous les principes
et tous les fondements de la connaissance qu'Il nous a
donnés, rendre inutiles toutes les facultés, détruire la part
la plus excellente de son œuvre (notre entendement), mettre
l'homme dans une condition où il a moins de lumière et

moins de moyens pour se conduire que la bête vouée à périr. Car si, pour établir que telle chose est une *révélation* divine, il ne peut jamais y avoir pour l'esprit humain d'évidence plus claire (ni, peut-être, aussi claire) que celle des principes de sa raison, il ne peut jamais y avoir de motif pour ignorer la claire évidence de sa raison et admettre une proposition dont la révélation n'a pas une évidence plus grande que ces principes.

§ 6. *La révélation traditionnelle le peut encore moins.*

Voilà jusqu'où la raison peut être utilisée et doit être écoutée en ce qui concerne la *révélation* immédiate et originale qu'on prétend recevoir soi-même.

Mais pour tous ceux qui ne prétendent pas à une *révélation* immédiate, mais à qui on demande de recevoir avec soumission les vérités révélées à d'autres puis transmises jusqu'à eux par la tradition écrite ou orale, la raison a encore plus à faire : elle est la seule qui puisse nous conduire à les accepter. Car relève de la *foi* la seule révélation divine et rien d'autre ; donc la *foi* au sens usuel (couramment nommée *foi divine*) n'a affaire qu'aux propositions supposées divinement révélées.

Aussi, je ne vois pas comment ceux qui font de la révélation seule l'unique objet de la *foi*, peuvent dire que c'est une question de *foi* et non de *raison* de croire que telle ou telle proposition qu'on peut trouver dans tel ou tel livre est d'inspiration divine ; à moins qu'il ne soit révélé que cette proposition, ou que tout ce qui se trouve dans le livre, a été communiqué par inspiration divine. Sans cette *révélation*, croire ou ne pas croire que cette proposition ou ce livre sont d'autorité divine, ne peut jamais être une question de *foi*, mais seulement une question de raison ;

et je ne peux parvenir à donner mon assentiment qu'en usant de ma raison, qui ne peut jamais exiger que je croie ce qui lui est contraire, ni m'en rendre capable; il est en effet impossible pour la raison de jamais produire un assentiment à ce qui lui apparaît déraisonnable.

Par conséquent, en toute chose clairement attestée par les idées et les principes de connaissance ci-dessus mentionnés, la *raison* est le juge approprié; et la *révélation* peut certes, en s'accordant avec elle, confirmer ses préceptes; mais elle ne peut dans ces cas-là invalider ses décrets. *Et nous ne pouvons pas être obligés, quand nous disposons de la sentence claire et évidente de la raison, d'y renoncer pour l'opinion contraire sous prétexte que c'est une affaire de foi* : celle-ci ne peut avoir aucune autorité contre les préceptes clairs et manifestes de la *raison*.

§ 7. *Les choses au-dessus de la raison.*

Mais troisièmement, il y a beaucoup de choses dont nous avons des notions très imparfaites (voire absolument aucune), et d'autres dont l'existence passée, présente ou future ne peut aucunement nous être connue par usage naturel de nos facultés. Ces choses, en tant qu'elles sont au-delà de ce que découvrent nos facultés naturelles et au-dessus de la *raison*, sont, une fois révélées, *la matière propre de la foi*. Par exemple, qu'une partie des anges se sont rebellés contre Dieu et ont ainsi perdu leur béatitude initiale, que les morts ressusciteront et revivront[1], et autres choses semblables, sont au-delà de ce que découvre la

---

1. Sur la rébellion des anges : IIe *Épître de Pierre*, II, 4. Sur la résurrection des morts : Matthieu, XXII, 30-33 ; *Actes des apôtres*, XVII, 32 ; Ier *Épître de Paul aux Corinthiens*, XV, et bien d'autres textes scripturaires.

raison, ce sont de pures questions de *foi* dans lesquelles la *raison* n'a, directement, rien à faire.

§ 8. *Les choses qui ne sont pas contraires à la raison, si elles sont révélées, sont du domaine de la foi.*

Mais Dieu, en nous donnant la lumière de la *raison*, ne s'est pas lié les mains, Il ne s'est pas interdit de nous apporter quand Il le jugerait bon la lumière de la *révélation* sur telle question où les facultés naturelles peuvent fournir des déterminations probables ; et donc la *révélation*, là où il a plu à Dieu de la donner, *doit l'emporter sur les conjectures probables de la raison*. L'esprit en effet n'est pas certain de la vérité de ce qu'il ne connaît pas de façon évidente ; il cède seulement à la probabilité qui y paraît ; il est donc tenu de donner son assentiment à un tel témoignage qui, c'est clair, vient de quelqu'un qui ne peut se tromper et ne trompera pas.

Pourtant, il appartient encore à la *raison* de juger s'il s'agit véritablement d'une révélation, ainsi que de la signification des paroles dans lesquelles la révélation a été transmise : de fait, si quelque chose doit être tenu pour révélé, qui est contraire aux principes clairs de la raison et à la connaissance évidente qu'a l'esprit de ses propres idées claires et distinctes, là il faut écouter la *raison*, comme il se doit sur une question relevant de sa compétence. Pour un homme, en effet, qu'une proposition qui contredit les principes clairs et l'évidence de sa propre connaissance ait été divinement révélée, ou qu'il comprenne correctement les paroles dans lesquels cette révélation a été transmise, ce sont là des connaissances dont la certitude ne peut jamais égaler celle que la proposition contraire est vraie ; aussi doit-il considérer cette proposition comme relevant de la

raison et en juger comme telle, et non pas l'avaler sans
examen comme un point de *foi*.

§ 9. *Dans les questions où la raison ne peut juger,*
ou seulement de façon probable, la révélation doit être
écoutée.

Premièrement, toute proposition révélée de la vérité
de laquelle l'esprit ne peut juger par ses facultés et ses
notions naturelles, est pure *affaire de foi*, au-dessus de la
raison.

Deuxièmement, toutes les propositions sur lesquelles
l'esprit peut arriver par ses facultés naturelles à décider et
à porter un jugement à partir des idées naturellement
acquises, sont du ressort de la raison. À cette nuance près
cependant : dans les propositions où l'esprit n'a qu'une
évidence incertaine, là donc où il est persuadé de la vérité
sur des bases seulement probables, alors qu'il est toujours
possible que le contraire soit vrai sans faire violence à
l'évidence certaine de sa propre connaissance ni renverser
les principes de toute raison, là, pour ces propositions
probables, dis-je, une révélation évidente doit déterminer
l'assentiment, même contre la probabilité. Car, là où les
principes de la raison n'ont pas montré qu'une proposition
est certainement vraie ou certainement fausse, une *révélation*
claire, autre principe de vérité et autre fondement pour
l'assentiment, peut décider ; et donc cette proposition peut
être objet de *foi* et être aussi au-dessus de la *raison*. Parce
que la *raison*, sur ce point particulier, n'a pas été capable
d'aller plus loin que la probabilité, la *foi* a décidé là où la
raison s'est arrêtée, et la *révélation* a fait paraître de quel
côté se trouve la vérité.

§ 10. *Dans les questions où la raison peut offrir une connaissance certaine, il faut l'écouter.*

Jusqu'à ce point va l'empire de la *foi*, sans aucune violence ni entrave à la *raison*, qui n'est pas outragée ni ébranlée, mais aidée et augmentée par la découverte de nouvelles vérités, émanant de la Fontaine Éternelle de toute connaissance. Tout ce que DIEU a révélé est certainement vrai, aucun doute n'est possible à ce sujet ; c'est là l'objet propre de la *foi*. Mais quant à savoir si c'est ou non une révélation divine, c'est la *raison* qui doit en juger ; celle-ci ne peut jamais permettre à l'esprit de rejeter une évidence plus forte pour embrasser ce qui est moins évident, ni l'autoriser à faire prévaloir une probabilité sur une connaissance et une certitude. L'origine divine d'une révélation traditionnelle, dans les termes où nous la recevons et dans le sens selon lequel nous la comprenons, ne peut avoir une évidence aussi claire ni aussi certaine que les principes de la raison. Et c'est pourquoi rien de ce qui est contraire aux préceptes clairs et évidents par eux-mêmes de la raison, ou qui leur soit incompatible, n'a le droit d'être recommandé ou admis comme étant un point de *foi où la raison n'aurait rien à faire*. N'importe quelle *révélation* divine doit prévaloir sur toutes nos opinions, tous nos préjugés, tous nos intérêts, et a le droit d'être reçue avec plein assentiment. Une telle soumission de notre *raison* à la *foi* ne supprime pas le territoire de la connaissance, elle n'ébranle pas les fondements de la raison, mais nous laisse faire de nos facultés l'usage pour lequel elles nous ont été données.

§ 11. *Si les frontières ne sont pas posées entre foi et raison, aucun enthousiasme, aucune extravagance en religion ne peuvent être contrecarrés.*

Si *la distinction des domaines de la foi et de la raison n'est pas préservée par ces frontières*, il n'y aura en matière de religion absolument aucune place pour la raison, et ces opinions et ces cérémonies extravagantes que l'on peut trouver dans les diverses religions du monde ne mériteront pas d'être blâmées. Car, à cette exaltation de la *foi* par opposition à la *raison*, on peut je pense attribuer en grande partie les absurdités dont regorgent presque toutes les religions qui possèdent et divisent le genre humain. Les hommes auxquels on a inculqué le principe qu'ils ne doivent pas consulter la *raison* dans les matières de religion, même quand cela contredit manifestement le sens commun et les principes mêmes de toute leur connaissance, ont laissé libre cours à leurs chimères et à la superstition naturelle ; celles-ci les ont menés à des opinions si étranges et à des pratiques si extravagantes en matière religieuse qu'un homme prudent ne peut que rester ébahi de leurs folies et les juger si loin d'être agréables à un Dieu grand et sage, et qu'il ne peut s'empêcher de les juger ridicules et choquantes pour un homme de bien et de mesure. De sorte qu'en fait la religion, ce qui devrait le plus nous distinguer des bêtes et devrait plus particulièrement nous élever, comme créatures rationnelles, au-dessus d'elles, est ce en quoi les hommes se montrent souvent les plus irrationnels et plus dénués de sens que les bêtes elles-mêmes. *Credo quia impossibile est*[1] pourrait, chez un homme de bien,

---

1. *Credo quia impossibile est* : « Je le crois, parce que c'est impossible ». La formule est attribuée à Tertullien (160 ?-220 ?), père de l'Église. Mais la phrase exacte dit : « c'est croyable, parce que c'est déraisonnable » (*De carne Christi*, V, 4).

passer pour un trait de zèle, mais s'avèrerait chez les hommes la preuve d'un très mauvais principe de choix de leurs opinions ou de leur religion.

CHAPITRE 19 : L'ENTHOUSIASME[1]

§ 1. *L'amour de la vérité est nécessaire.*

Quiconque veut se mettre sérieusement à la recherche de la vérité doit en premier lieu se préparer l'esprit par l'amour de la vérité ; car celui qui ne l'aime pas ne fera pas grand effort pour l'acquérir et ne sera pas trop inquiet si elle lui fait défaut. Il n'y a personne, dans la République des lettres, qui ne déclare être lui-même amoureux de la vérité, et pas de créature raisonnable qui ne prenne mal de ne pas être considérée comme tel. Et pourtant, malgré tout cela, on peut dire que véritablement, il y a très peu d'amoureux de la vérité pour elle-même, y compris parmi ceux qui se persuadent eux-mêmes qu'ils le sont.

Comment savoir qu'on l'est sérieusement, c'est ce qui mérite examen. En voici, je pense, le signe infaillible : ne pas soutenir une proposition avec plus de conviction que ne le justifient les preuves [*proofs*] sur lesquelles elle est bâtie. Celui qui outrepasse cette mesure de l'assentiment, c'est clair, n'accueille pas la vérité par amour pour elle ; il n'aime pas la vérité pour elle-même, mais pour quelque autre fin. Car la marque [*evidence*][2] de la vérité d'une proposition (sauf pour les vérités évidentes par elles-mêmes [*self-evident*]) réside seulement dans les preuves [*proofs*]

1. En lisant ce chapitre, on aura à l'esprit l'étymologie du mot, qui signifie littéralement : avoir Dieu en soi. *Cf.* plus particulièrement les § 5 et 8.

2. On retrouve ici, à propos de l'anglais « *evidence* », les difficultés de traduction signalées au § 9 du chapitre XVI.

qu'un homme en a ; et donc quelle que soit la force de
l'assentiment qu'il lui accorde au-delà des degrés de cette
marque [*evidence*], il est clair que tout ce surplus de
conviction est dû, non à l'amour de la vérité, mais à quelque
autre passion ; il est en effet impossible que l'amour de la
vérité entraîne mon assentiment au-delà de la preuve
[*evidence*] de vérité qui m'est disponible, comme il est
impossible que l'amour de la vérité me fasse assentir à
une proposition à cause d'une preuve [*evidence*] de vérité
qu'elle ne possède pas (ce serait en réalité l'aimer comme
vérité sous prétexte qu'il est possible ou probable qu'elle
ne soit peut-être pas vraie).

Toute vérité qui ne conquiert pas l'esprit par la lumière
irrésistible de son évidence par soi ou par la force de la
démonstration, reçoit l'assentiment du fait d'arguments
qui sont les garants et les gages de sa probabilité à nos
yeux, et nous ne pouvons la recevoir que telle qu'ils la
fournissent à notre entendement : quelque crédit ou autorité
que nous accordions à une proposition au-delà de ceux
que lui confèrent les principes et les preuves [*proofs*] sur
lesquels elle s'appuie, ils sont dus à notre inclination en
sa faveur et dérogent d'autant à l'amour de la vérité comme
telle ; celle-ci ne pouvant recevoir aucune preuve [*evidence*]
de nos passions et de nos intérêts, elle ne devrait en recevoir
aucune coloration.

§ 2. *L'impudence d'imposer son opinion : son origine.*

S'arroger l'autorité de commander aux autres et de
régenter impudemment leurs opinions va constamment de
pair avec ce parti pris et avec la corruption de ses propres
jugements. Comment en serait-il autrement ? Est prêt à
imposer sa croyance aux autres celui qui s'en est déjà

imposé à lui-même. Peut-on raisonnablement attendre qu'il argumente et convainque dans ses rapports à autrui, s'il n'y a pas habitué son propre entendement dans ses rapports à lui-même, s'il fait violence à ses propres facultés, tyrannise son propre esprit, usurpe la prérogative propre à la vérité seule, qui est de commander l'assentiment par sa seule autorité, c'est-à-dire proportionnellement à l'évidence [*evidence*] qu'elle offre?

§ 3. *Force de l'enthousiasme.*

Je vais, à cette occasion, prendre la liberté de considérer un troisième motif d'assentiment qui a, pour certains, la même autorité et la même fiabilité que la *foi* ou que la *raison*; je veux parler de l'*enthousiasme*. Écartant la raison, l'enthousiasme voudrait, en se passant d'elle, installer la révélation; ce qui revient, en fait, à supprimer en même temps la révélation et la raison, et à mettre à leur place les chimères infondées du seul cerveau d'un individu, et en faire le fondement de l'opinion aussi bien que de la conduite.

§ 4. *Raison et Révélation.*

La *raison* est la *révélation* naturelle, moyen par lequel le Père éternel de Lumière, Fontaine de toute connaissance, communique à l'humanité cette part de la vérité qu'Il a placée à portée de ses facultés naturelles[1]. La *révélation* est la *raison* naturelle élargie par un nouvel ensemble de découvertes, communiquées immédiatement par Dieu, dont la raison atteste la vérité en certifiant et en prouvant qu'elles viennent de Dieu. Celui

---

1. Ensemble classique de références bibliques (1ʳᵉ *Épître de Jean*, I, 56; V, 20; *Jean*, IV, 14; *Épître aux Romains*, I, 19-20).

donc qui écarte la *raison* pour ouvrir la voie à la *révélation*, éteint ces deux lumières et fait exactement comme s'il voulait persuader quelqu'un que s'aveugler est le meilleur moyen pour recevoir d'un télescope la lumière éloignée d'une étoile invisible.

§ 5. *Origine de l'enthousiasme.*

Il est bien plus facile pour les hommes de forger leur opinion et de régler leur conduite par la révélation *immédiate* que par le raisonnement rigoureux, labeur pénible et pas toujours fructueux ; aussi ne faut-il pas s'étonner que certains aient été fort tentés de prétendre à une révélation et de se persuader qu'ils étaient sous la conduite particulière du ciel dans leurs actions et leurs opinions, spécialement pour celles dont ils ne pouvaient rendre compte par les méthodes ordinaires de connaissance et par les principes de la raison. C'est ainsi qu'on voit, à toutes les époques, des hommes chez qui la mélancolie s'est mêlée à la dévotion et que l'infatuation a poussés jusqu'à se croire en plus grande familiarité avec Dieu et en mesure de prétendre, plus que d'autres, à ses faveurs ; ces gens-là se sont souvent flattés, sur le mode de la persuasion, d'être en relation immédiate avec la divinité et de recevoir de fréquents messages de l'Esprit divin. On ne peut dénier à Dieu, je le reconnais, le pouvoir d'illuminer l'entendement d'un rayon immédiatement dardé depuis la Fontaine de Lumière jusqu'à l'esprit ; ils croient comprendre que Dieu le leur a promis, et qui dès lors a plus de titre à cette illumination que ceux qui sont de Son peuple propre, qu'Il a choisis et qui Lui appartiennent ?[1]

---

1. Locke fait ici allusion au thème de l'élection du Peuple juif (*Deutéronome*, VII, 6-7, *Isaïe*, XLI, 8 *sq.*, etc.).

§ 6. *L'impulsion de l'enthousiasme.*

Une fois que leur esprit est ainsi prédisposé, n'importe quelle opinion sans fondement qui vient à s'imposer avec force à leur imagination devient une illumination de l'Esprit de Dieu, et bientôt de l'autorité divine. Et à quelque action extravagante qu'ils se sentent portés par un fort mouvement intérieur, cette impulsion, ils en font un appel ou une directive du Ciel qui doit être obéie ; c'est une mission venue d'en haut et ils ne peuvent se tromper en l'exécutant.

§ 7. *Ce que signifie « enthousiasme ».*

Voilà ce que je considère comme l'enthousiasme proprement dit. Bien qu'il ne soit fondé ni sur la raison ni sur la révélation divine, mais naisse des fantasmes d'un cerveau échauffé qui a perdu toute mesure, il ne s'est pas plutôt installé, qu'il agit avec plus de force sur les convictions et les actions des hommes que ne le font la raison et la révélation prises séparément, ou les deux ensemble. Il n'est rien à quoi les hommes se soumettent avec plus d'empressement que les impulsions qu'ils reçoivent d'eux-mêmes, et l'homme tout entier est assuré d'agir plus vigoureusement quand il est tout entier porté par un mouvement naturel. Une forte imagination, de même qu'un nouveau principe, emporte aisément tout avec elle quand elle est mise au-dessus du sens commun ; quand, libérée de toute entrave de la raison et de tout contrôle de la réflexion, elle est élevée au rang d'autorité divine avec le concours du tempérament et de l'inclination personnels.

§ 8. *L'enthousiasme confondu avec voir et sentir.*

Les opinions étranges et les actions extravagantes dans lesquelles l'*enthousiasme* a précipité les hommes suffisaient pour les prévenir contre ce faux principe, si propre à les égarer aussi bien dans leur croyance que dans leur conduite ; et pourtant l'amour de l'extraordinaire, le plaisir et la gloire d'être inspirés et d'être au-dessus des modes ordinaires et naturels de connaissance, flattent à tel point la paresse de tant d'hommes, leur ignorance et leur vanité, qu'une fois entrés dans la voie de cette révélation immédiate, de l'illumination sans recherche, de la certitude sans preuve ni examen, il est difficile de les en sortir. La raison a perdu tout pouvoir sur eux ; ils sont au-dessus de ça : ils voient la lumière infuse dans leur entendement et ne peuvent se méprendre ; c'est clair et visible, là ; comme un brillant soleil se manifeste de lui-même et ne nécessite pas d'autre preuve que sa propre évidence, ils sentent la main de Dieu et les impulsions de l'Esprit qui les meuvent de l'intérieur, et ne peuvent être abusés sur ce qu'ils ressentent.

Ils sont à eux-mêmes leur propre soutien et sont sûrs que la raison n'a rien à faire avec ce qu'ils voient et sentent en eux. Ce dont ils ont une expérience sensible n'admet pas de doutes, n'exige pas de preuves. Ne serait-il pas ridicule, celui qui exigerait qu'on lui prouve que la lumière brille et qu'il la voit ? Cela est à soi-même sa preuve, et il ne peut y en avoir d'autre. Quand l'Esprit introduit la lumière dans notre esprit, il chasse les ténèbres. Nous la voyons comme nous voyons la lumière du soleil en plein midi et nul besoin du demi-jour de la raison pour la montrer. Cette lumière du Ciel est forte, claire, pure ; elle porte avec elle sa propre démonstration et il serait aussi raisonnable de saisir un ver luisant pour nous aider à découvrir le soleil que d'examiner le rayon céleste à la lueur de notre faible chandelle, la raison.

§ 9.

Telle est la façon de parler de ces gens-là : ils sont sûrs parce qu'ils sont sûrs, et leurs convictions sont justes pour la seule raison qu'en eux elles sont fortes ; car, une fois dépouillé des métaphores de la vision et du sentiment, c'est à cela que se ramène leur propos ; et pourtant, ces comparaisons les abusent au point de leur tenir lieu de certitude et, à l'égard des autres, de démonstration.

§ 10. *Comment démasquer l'enthousiasme.*

Examinons un peu posément cette lumière intérieure et cette sensation, sur lesquelles ils échafaudent tant de choses. Ces gens ont, disent-ils, une claire lumière, et ils voient ; ils ont un sens éveillé, et ils sentent. Ils en sont sûrs, cela ne peut leur être contesté : quand quelqu'un dit qu'il voit ou qu'il sent, nul ne peut nier qu'il le fasse.

Mais qu'il me soit ici permis de demander : cette vision, est-ce la perception de la vérité de la proposition ou de la vérité de ceci : que c'est une révélation de Dieu ? Cette sensation est-elle perception d'une inclination ou de la fantaisie de faire quelque chose, ou bien est-elle perception de l'Esprit de Dieu suscitant cette inclination ? Ce sont deux perceptions très différentes et il faut soigneusement les distinguer si nous ne voulons pas nous en imposer à nous-mêmes. Je peux percevoir la vérité d'une proposition, sans pour autant percevoir que c'est une révélation immédiate de Dieu. Je peux percevoir la vérité d'une proposition d'*Euclide* sans que ce soit une révélation de Dieu ou sans que je perçoive qu'elle est révélée. En outre, je peux percevoir que je n'ai pas reçu cette connaissance de manière naturelle et conclure pour cette raison qu'elle est révélée, sans percevoir que c'est une révélation de Dieu. Car il pourrait y avoir des Esprits qui, sans être des envoyés divins, excitent ces idées en moi et les disposent dans un ordre tel que mon esprit perçoive leur lien. Ainsi la connaissance d'une proposition s'introduisant dans l'esprit je ne sais comment, n'est pas la perception qu'elle vient de Dieu. Moins encore une forte conviction que cette proposition est vraie est-elle la perception qu'elle vient de Dieu, ou même qu'elle est vraie.

Mais quoiqu'on appelle cela lumière et vision, je pense que c'est tout au plus croyance et assurance; et la proposition prise pour une révélation n'est pas une proposition que ces gens connaissent pour vraie, mais qu'ils prennent pour vraie. Car, quand on sait qu'une proposition est vraie, la révélation est superflue; et l'on conçoit mal comment pourrait être révélé à qui que ce soit quelque chose qu'il connaît déjà. Par conséquent, si c'est une proposition dont ils sont persuadés mais dont la vérité ne leur est pas connue, quelque nom qu'ils lui donnent, ce n'est pas une vision, c'est une croyance : ce sont en effet deux voies par lesquelles la vérité entre dans l'esprit, entièrement distinctes, de telle sorte que l'une n'est pas l'autre : ce que je vois, je le sais être tel que je le vois, par l'évidence de la chose même; ce que je crois, je l'accepte comme tel par le témoignage d'un autre; mais ce témoignage, je dois savoir qu'il a été délivré, autrement quel motif aurais-je à ma croyance ? Je dois voir que c'est Dieu qui me le révèle, autrement je ne vois rien.

La question ici est donc : comment est-ce que je sais que Dieu est celui qui me révèle cela ? Comment est-ce que je sais que cette impression est faite sur mon esprit par l'Esprit Saint et que je dois pour cela lui obéir ? Si je ne le sais pas, quelle que soit la conviction qui me possède, elle est infondée; quelle que soit la lumière à laquelle je prétends, ce n'est que de l'*enthousiasme*. Car, que la proposition supposée révélée soit en elle-même évidemment vraie, ou visiblement probable, ou selon les moyens naturels de connaissance, incertaine, la proposition qui doit être correctement fondée et manifestée comme vraie est celle-ci : Dieu est celui qui l'a révélée, et ce que je prends pour une révélation est de façon certaine introduit dans mon esprit par Lui ; ce n'est pas une illusion jetée par un autre Esprit ou suscitée par mon caprice.

Car, si je ne me trompe, ces gens-là reçoivent la proposition pour vraie, parce qu'ils présument que Dieu l'a révélée. Ne leur incombe-t-il pas alors d'examiner sur quels fondements ils présument que c'est une révélation de Dieu ? Faute de quoi toute leur confiance n'est que présomption et cette lumière dont ils sont si éblouis n'est qu'un *ignis fatuus*[1] qui les fait continuellement tourner en rond dans ce cercle : *C'est une révélation parce qu'ils le croient fermement* et *ils le croient parce que c'est une révélation.*

§ 11. *Il manque à l'enthousiasme la garantie que la proposition vient de Dieu.*

Pour tout ce qui est de *révélation* divine, il n'y a pas besoin d'autre preuve que le fait qu'il s'agisse d'une inspiration de Dieu ; car Lui ne peut tromper ni être trompé. Mais comment saura-t-on qu'une proposition présente dans l'esprit est une vérité insufflée par Dieu, une vérité qui nous est révélée par Lui, qu'Il nous déclare et que pour cela nous devrions croire ? C'est ici que fait défaut à l'*enthousiasme* l'évidence à laquelle il prétend. Car les hommes ainsi possédés se glorifient d'une lumière par laquelle ils se disent illuminés, et introduits dans la

1. *Ignis fatuus* = feu-follet.

connaissance de telle ou telle vérité. Mais s'ils savent qu'ils ont affaire à une vérité, il faut que ce soit ou bien du fait de sa propre évidence intrinsèque pour la raison naturelle, ou bien par les preuves [*proofs*] rationnelles qui la rendent vraie. S'ils voient et savent que c'est une vérité par l'une ou l'autre de ces voies, c'est en vain qu'ils présupposent que c'est une révélation. Ils savent en effet que c'est vrai aussi naturellement que tout autre peut le savoir, sans le secours de la révélation, puisque c'est ainsi que les vérités de n'importe quelle sorte, qui illuminent les hommes non inspirés, se sont introduites dans leur esprit et y sont installées.

S'ils disent qu'ils savent que cela est vrai parce que c'est une *révélation* venue de Dieu, la raison est bonne, mais on demandera alors comment ils savent que c'est une révélation venue de Dieu. S'ils disent que c'est par la lumière que porte en elle cette vérité dont l'éclat brille dans leur esprit et qu'ils ne peuvent y résister, je les prie instamment de considérer si cela a plus de valeur que ce sur quoi nous avons déjà attiré l'attention : c'est une révélation parce qu'ils croient avec force que c'est une vérité.

Toute la lumière dont ils parlent n'est que la persuasion de leur propre esprit, forte mais infondée, qu'il s'agit d'une vérité. Car de motifs rationnels issus de preuves qu'il s'agit d'une vérité, ils doivent reconnaître qu'ils n'en ont pas : en effet, s'ils en avaient, ils ne recevraient pas cette vérité comme une *révélation*, mais sur les motifs ordinaires, ceux qui permettent d'accepter les autres vérités. Et, s'ils croient que c'est vrai parce que c'est une *révélation*, et n'ont pas d'autre raison pour dire que c'est une *révélation* sinon que, sans nulle autre raison, ils sont totalement persuadés que c'est vrai, alors ils croient que c'est une révélation pour la seule raison qu'ils croient fermement que c'est une révélation, ce qui est un fondement fort périlleux pour avancer dans nos principes comme dans nos actions.

Y a-t-il un chemin plus propre à nous précipiter dans les erreurs et les égarements les plus extravagants que d'instituer ainsi la fantaisie comme guide suprême et unique, et de croire qu'une proposition est vraie, qu'une action est droite, pour la seule raison que nous croyons qu'elles le sont ? La force de nos convictions n'est en rien une preuve de leur rectitude : ce qui est tordu peut s'avérer aussi rigide et raide que ce qui est droit, et les hommes peuvent être aussi affirmatifs et péremptoires dans l'erreur que dans la vérité. Comment surgiraient autrement les fanatiques intraitables dans des camps divers et opposés ?

Car, si la lumière que chacun pense avoir en son esprit (qui n'est en ce cas que la force de sa propre persuasion) était une preuve qu'elle vient de Dieu, des opinions contraires pourraient avoir le même droit de se prévaloir d'une inspiration ; et Dieu ne serait pas seulement le Père des Lumières, mais celui de lumières opposées et contradictoires, conduisant les hommes en des chemins contraires ; et des propositions contradictoires seraient des vérités divines si la force de la conviction, quoique dépourvue de fondement, garantissait qu'une proposition quelconque est une révélation divine.

§ 12. *La fermeté de la persuasion ne prouve pour aucune proposition qu'elle vienne de Dieu.*

Il ne peut en être autrement tant qu'on fait de la fermeté de la conviction la cause de la croyance, et de l'assurance de son bon droit une preuve de la vérité. Saint Paul lui-même croyait qu'il faisait bien et que c'était sa vocation, quand il persécutait les chrétiens, dont il pensait avec assurance qu'ils se trompaient[1] ; et pourtant c'était lui qui se trompait, et non eux. Les hommes de bien demeurent des hommes, exposés à se méprendre : ils s'engagent parfois avec chaleur dans l'erreur, en la prenant pour vérité divine parce qu'elle brille de la plus vive clarté dans leur esprit.

§ 13. *La lumière dans l'esprit : ce qu'elle est.*

La lumière, la vraie lumière dans l'esprit, est, et ne peut être rien d'autre que l'évidence de la vérité d'une proposition ; et, si ce n'est pas une proposition évidente par elle-même, toute la lumière qui est ou peut être la sienne lui vient de la clarté et de la validité des preuves qui la font accepter. Parler d'une autre lumière dans l'entendement, revient à nous installer dans l'obscurité ou sous le pouvoir du Prince des Ténèbres et nous abandonner de nous-mêmes à l'illusion pour croire au mensonge. Car si la force de la conviction est la lumière qui doit nous guider comment distinguera-t-on, je le demande, entre les tromperies de Satan et les inspirations de l'Esprit-Saint ? Celui-là peut se métamorphoser soi-même en Ange de Lumière[2] ; et ceux qui sont conduits par ce Fils du matin[3] sont aussi comblés par cette illumination, c'est-

1. Cf. *Actes des Apôtres*, VII, 58 ; VIII, 1-3 ; IX, 1-3 ; XXII, 4 ; XXVI, 9-11.

2. *Cf.* 2e *Épître aux Corinthiens*, XI, 14 : « Satan lui-même se déguise en Ange de Lumière ».

3. En anglais : *son of the morning*, fils du matin, expression qui désigne Lucifer (étymologiquement : porteur de lumière), dont l'équivalent grec est *phosphorus*, nom de l'étoile du Matin (Vénus). Référence à *Isaïe* 14.12 : « Comment es-tu tombé du Ciel, Astre brillant, Fils de l'Aurore, comment as-tu été précipité à terre, toi qui réduisais les nations ? ».

à-dire sont aussi fortement persuadés qu'ils sont éclairés par l'Esprit de Dieu, que ceux qui le sont effectivement ; ils y consentent, se réjouissent en lui, sont mus par lui ; et nul ne saurait être plus qu'eux assuré d'avoir raison (s'il est permis d'en juger à l'aune de leur propre croyance).

§ 14. *La raison doit être juge de la révélation.*

Par conséquent, celui qui ne veut pas donner tête baissée dans toutes les extravagances de l'illusion et de l'erreur doit mettre à l'épreuve ce guide de la « lumière intérieure ». Dieu ne défait pas l'homme quand il fait le prophète : Il laisse en leur état naturel toutes ses facultés, pour lui permettre de juger si ses inspirations sont ou non d'origine divine. Quand Il illumine l'esprit d'une lumière surnaturelle, Il n'éteint pas celle qui est naturelle. S'Il attend que nous donnions notre assentiment à la vérité d'une proposition, soit Il garantit cette vérité par les méthodes habituelles de la raison naturelle, soit Il nous fait savoir que c'est une vérité pour laquelle Il attend de nous un assentiment fondé sur son autorité, et Il nous convainc qu'elle vient de Lui par des signes auxquels la raison ne saurait se tromper.

La *raison* doit être notre dernier juge et notre dernier guide en toute chose. Je ne veux pas dire que nous devions consulter la raison pour examiner si une proposition révélée par Dieu peut être produite par les principes naturels, et qu'il nous soit permis de la rejeter si c'est impossible. Mais consulter la raison, nous le devons, et par ce moyen examiner si cette proposition est ou non une *révélation* de Dieu. Et si la *raison* trouve qu'elle est révélée par Dieu, la *raison* se déclare alors en sa faveur autant qu'en faveur de toute autre vérité, et elle en fait l'un de ses préceptes.

Tout fantasme qui échauffe jusqu'au tréfonds nos imaginations devrait passer pour une inspiration s'il n'y avait que la force de la persuasion pour juger de la persuasion. Si la *raison* n'en doit pas examiner la vérité par quelque chose d'extérieur à la persuasion elle-même, les inspirations et les illusions, la vérité et la fausseté, auront même mesure et ne pourront être distinguées.

§ 15. *La croyance n'est pas preuve de révélation.*

Si cette lumière intérieure, ou toute proposition qui passe à ce titre pour inspirée, sont conformes aux principes de la raison ou à la Parole de Dieu, qui est la révélation attestée, la *raison* les garantit et elles peuvent en toute sécurité être acceptées pour vraies ; nous pouvons nous laisser guider par elles dans nos croyances et dans nos actions. Si elles ne reçoivent aucune attestation ni évidence de l'une ou l'autre de ces règles, nous ne pourrons les prendre pour des *révélations* ni même pour des vérités, tant que nous n'aurons pas d'autre signe que c'est une *révélation*, hors la croyance que c'en est une.

Ainsi voit-on que les saints de l'Antiquité qui recevaient des *révélations* divines, avaient, en dehors de la lumière intérieure procurée par l'assurance de leur esprit, quelque chose d'autre qui portait témoignage de son origine divine. Ils n'étaient pas abandonnés à leur seule persuasion que cette persuasion venait de Dieu : ils avaient des signes extérieurs pour les convaincre que Dieu était l'auteur de ces révélations. Et quand ils devaient en convaincre d'autres, ils recevaient le pouvoir de témoigner de la vérité de leur mission venue du Ciel, et d'affirmer par des signes visibles l'autorité divine du message dont ils étaient porteurs.

Moïse vit le buisson brûler sans se consumer et entendit une voix en sortir[1] : c'était là plus que le sentiment intérieur d'une impulsion mentale à aller voir *Pharaon* pour pouvoir faire sortir ses frères d'*Égypte* ; et pourtant il estima que ce n'était pas suffisant pour l'investir de la mission de porter ce message, jusqu'à ce que Dieu, par cet autre miracle du bâton changé en serpent, l'assure du pouvoir d'authentifier sa mission par le même miracle réitéré devant ceux à qui il était envoyé[2]. *Gédéon* fut envoyé par un ange pour délivrer *Israël* des *Madianites*, et il désira pourtant un signe pour le convaincre que sa mission venait de Dieu[3]. Ces exemples, et les exemples semblables que l'on trouve chez les anciens prophètes, suffisent à montrer qu'ils n'estimaient pas qu'une vision intérieure ou une persuasion de l'esprit, sans autre preuve, fussent des garanties suffisantes qu'elles venaient de Dieu, (bien que l'Écriture ne mentionne pas partout qu'ils aient demandé ou obtenu de telles preuves).

§ 16. *Les critères d'une révélation divine.*

Par ce que je viens de dire, je suis loin de nier que Dieu puisse illuminer (ou parfois illumine effectivement) l'esprit des hommes pour qu'ils saisissent certaines vérités, ou puisse les inciter à des actions bonnes par l'influence immédiate de l'Esprit Saint, sans aucun signe extraordinaire. Mais en de tels cas également nous avons la raison et l'Écriture, règles infaillibles pour savoir si l'origine est ou non divine. Là où la vérité que nous embrassons s'accorde à la *Révélation* dans la Parole écrite de Dieu, si l'action

1. *Exode*, III, 1-12.
2. *Exode*, IV, 1-9.
3. *Juges*, VI, 11-24.

est conforme aux préceptes de la droite *raison* ou à la lettre de l'Écriture Sainte, nous pouvons être assurés de ne courir aucun risque en l'accueillant comme inspirée. En effet, bien que ce ne soit peut-être pas une révélation immédiate de Dieu agissant de façon extraordinaire sur notre esprit, nous sommes néanmoins assurés qu'elle est garantie par cette Révélation qu'il nous a donnée de la vérité.

Mais ce n'est pas la force de notre intime persuasion qui peut garantir que c'est bien une lumière ou une impulsion qui viennent du Ciel ; rien ne peut le garantir, si ce n'est la parole écrite de Dieu, au-dehors de nous, ou la norme[1] de la raison qui nous est commune avec tous les hommes. Là où la raison ou l'Écriture sont explicitement en faveur d'une opinion ou d'une action, on peut les accepter comme d'autorité divine ; mais ce n'est pas la force de notre propre persuasion qui peut leur apposer par elle-même ce sceau. L'inclination de notre esprit peut privilégier cette persuasion autant qu'il lui plaira, cela montrera qu'elle est l'objet d'une tendresse toute particulière, mais ne prouvera jamais que ce soit une progéniture du Ciel et une œuvre originale de Dieu.

---

1. « Norme » traduit ici « *standard* ». On peut aussi traduire par « règle », au sens où la raison est source et fondement ultime des règles qui doivent gouverner notre croyance et notre conduite.

PATRICK DUPOUEY

COMMENT SAVOIR CE QU'IL FAUT CROIRE ?

PARTIE DEUXIÈME

COMMENT SAVOIR CE QU'IL FAUT CROIRE

INTRODUCTION

DE LA NÉCESSITÉ DE CROIRE, ET D'UNE ÉTHIQUE INTELLECTUELLE

Lorsqu'Alain écrit : « Croire est agréable ; c'est une ivresse dont il faut se priver »[1], on voit qui est visé, et quelle peut être cette ivresse du croire, tout aussi funeste que celle que procure l'alcool. Il y a des croyances toxiques, voire mortelles, aussi bien pour ceux qui les ont que pour les autres, qui en subissent les effets. Si je crois les vaccins nocifs ou inefficaces, je ne menace pas seulement ma santé, mais celle du groupe. Il y a des croyants dangereux, et pas seulement dans les religions. Le procès du fanatisme n'est plus à faire : il faut lire Locke, Bayle et Voltaire. Il faut lire Alain.

Seulement, peut-on se dispenser de croire ? Et ne croit-on que pour avoir cédé à une ivresse ?

Si je crois à la compétence de mon médecin, à l'honnêteté de mon garagiste, aux prévisions de Météo-France, où est le mal ? Tous sont faillibles, certes. Mais comment faire sans eux, et sans le crédit que j'accorde à leurs jugements et à leurs décisions ? Une interdiction absolue de croire reviendrait à bannir toute confiance. De la famille aux relations internationales, en passant par l'entreprise, le

---

1. Alain, *Propos* du 5 mai 1931 : « *Les ânes rouges* », dans *Propos*, t. 1, « Bibliothèque de la Pléiade », Paris, Gallimard, p. 1014.

commerce ou l'École, la société humaine n'y survivrait pas une minute. « Celui, dit Locke, qui dans les affaires ordinaires de la vie, ne voudrait rien admettre que fondé sur des démonstrations claires et directes, n'aurait nulle assurance en ce monde, sinon de périr rapidement »[1].

Sans doute, on préfèrerait *savoir* : si ce site Internet mérite confiance, si la dette publique est un problème aussi grave que l'affirme tel économiste, si Dieu existe et quel est le vrai, ou plus bêtement s'il fera beau le prochain week-end. Il y a une infinité de choses que nous ne pouvons pas savoir, du moins pas au moment où ce savoir nous serait utile, voire qu'il nous est à jamais impossible de savoir. Dès lors, comment ne pas croire ? On peut toujours se réfugier dans l'agnosticisme s'agissant de l'existence de Dieu ou de la vie éternelle. Encore que Pascal voie dans cette attitude « une chose monstrueuse, et dont il faut faire sentir l'extravagance et la stupidité à ceux qui y passent leur vie »[2]. On peut suspendre son jugement à propos du choix de l'énergie nucléaire ou de l'efficacité de l'homéopathie. Encore que le citoyen puisse avoir à se prononcer sur une politique énergétique ou de santé publique. Il faut donc croire, non pas une fois en passant, mais cent fois, mille fois par jour, à propos d'une infinité de sujets.

Savoir est ce but auquel tendent souvent nos recherches : en finir avec un « peut-être », vérifier une hypothèse, tordre le cou à une rumeur, convertir une conjecture en certitude,

---

1. Locke, *Essai sur l'entendement humain*, IV, xi, § 10 (notre trad.).
2. Pascal, *Pensées* : Le Guern, 399 (Paris, Folio-Gallimard, 2004). Respectivement pour les classements Brunschvicg : 195 (Paris, Garnier-Flammarion, 1993) et Lafuma : 428 (« Essais », Paris, Seuil, 2018). Ces références seront dorénavant abrégées : LG, Br et L.

une présomption en conviction. Il arrive qu'on y parvienne. Mais aussi qu'on y échoue ou qu'on y renonce, pour des raisons qui peuvent être ou bien contingentes, donc provisoires : tous les éléments du puzzle ne sont pas encore disponibles ; ou bien nécessaires, donc définitives : la réalité est trop complexe, les facultés humaines trop bornées. On débrouille une énigme, on perce un secret. Mais qui sait s'il n'y a pas des mystères ? Un mystère, par définition, ne se dissout pas. Croire, donc, à défaut de savoir.

De là quelques questions impossibles à éluder, sauf à renoncer à tout souci d'hygiène intellectuelle : que *puis*-je croire sans m'exposer à un péril excessif d'erreur, d'illusion, de tromperie ; donc de déconvenues, de déceptions, de malheurs ? Que *dois*-je croire, sous peine, si je m'y refuse, de me priver de grands biens ? Et subséquemment : *qui* dois-je croire ? Sur les OGM : tel parti écologiste, telle multinationale agro-alimentaire ou tel chercheur en biologie ? Sur la nature de Dieu : un juif, un chrétien (et de quelle obédience ?), un musulman, un bouddhiste ? Sur la liberté de la volonté : Descartes qui l'affirme ? Spinoza qui la nie ? Kant, qui tente plus ou moins de les concilier ? Bergson qui les renvoie dos à dos ?

Tout le monde est d'accord pour penser qu'il en va des croyances, opinions ou convictions, comme des actions : toutes ne se valent pas. Certaines, même, ne valent rien du tout. Il y a des croyances qu'on est heureux d'avoir perdues (ou de n'avoir jamais eues). D'autres qu'on préfère ne pas voir se propager, jusqu'à en interdire l'expression. Il est même permis d'en juger certaines ridicules ou méprisables ; tel Leibniz, esprit pourtant ouvert aux larges conciliations, qui écrivait à Louis Bourguet le 3 janvier 1714 :

« Je ne méprise presque rien, excepté l'astrologie judiciaire et autres tromperies semblables »[1].

Je peux me tromper, mal placer ma croyance, ma confiance ou ma foi. Et par là m'exposer à l'erreur, voire à la faute, car le croire commande souvent l'agir, et des conséquences pratiques dont je serai comptable. Double faute peut-être, s'il est vrai – cela se discute – qu'en plaçant ma croyance, j'engage quelque chose comme une responsabilité intellectuelle. Si l'hygiène corporelle relève de nos obligations éthiques, pourquoi celle de la pensée leur échapperait-elle ? Croire précipitamment, croire sur de mauvais motifs, sous de faux prétextes, ou en cédant à de mauvais penchants, n'est-ce pas pécher contre l'esprit ? Il semble y avoir une dimension morale dans l'acte de juger, même lorsque le jugement ne décide d'aucune action et ne porte aucune conséquence pratique. La crédulité, la naïveté, la niaiserie sont jusqu'à un certain point des excuses. Mais nous blâmons aussi celui qui, croyant par faiblesse et trop paresseux pour examiner les raisons, préfère se payer de mauvaises.

Il faut donc prendre au sérieux l'idée d'une *éthique* du croire, analogue, dans l'ordre intellectuel, à l'éthique de l'agir en vigueur dans l'ordre de l'action pratique. La manière dont un sujet accueille ou non certaines croyances en son esprit mérite aussi d'être évaluée indépendamment des effets que ces croyances produisent dans le monde.

1. L'astrologie judiciaire prétend tirer de la position des astres des prédictions sur les destinées humaines.

Des degrés du croire

Alain propose une hiérarchie :
Les degrés du croire sont les suivants.

> Au plus bas, croire par peur ou par désir (on croit aisément
> ce qu'on désire et ce qu'on craint). Au-dessus, croire par
> coutume et imitation (croire les rois, les orateurs, les
> riches). Au-dessus, croire les vieillards, les anciennes
> coutumes, les traditions. Au-dessus, croire ce que tout le
> monde croit (que Paris existe même quand on ne le voit
> pas ; que l'Australie existe quoiqu'on ne l'ait jamais vue).
> Au-dessus, croire ce que les plus savants affirment en
> accord d'après des preuves (que la terre tourne, que les
> étoiles sont des soleils, que la lune est un astre mort,
> etc.). Tous ces degrés forment le domaine de la croyance[1].

L'inventaire est bien sûr incomplet : on croit volontiers
ce qu'on a toujours cru ; on croit au témoignage des sens ;
on croit le dernier qui a parlé, etc. Toujours est-il qu'Alain
met ici de l'eau dans son vin : croire n'est plus « une ivresse
dont il faut se priver », mais une attitude que certaines
conditions rendent licite. En dépit de ce que suggère la
répétition : « Au-dessus…, au-dessus », on devine que
l'échelle du croire n'est pas continue. Un pas est franchi
quand, cessant de croire par désir, coutume ou imitation,
une fois dépassées les séductions de l'ancienneté ou du
pouvoir, je règle mon jugement sur l'opinion du plus grand
nombre ou des « plus savants ». Passé ce seuil, mon
assentiment reste sans doute perfectible, mais acquiert une
certaine légitimité. Le *consensus omnium* (*a fortiori* :
sapientium) est un argument encore faible, mais plus
recevable que le désir ou la peur. À quelqu'un qui se fie à

---

1. Alain, *Définitions*, article « Croyance » dans *Les arts et les dieux*,
Paris, Gallimard, 1958, p. 1046-1047.

plus instruit que lui, je peux conseiller d'être méfiant, rappeler que de grands savants se sont dans le passé lourdement trompés, etc. Mais à celui qui voudrait choisir ce qu'il croit selon l'agrément qu'il y trouve ou la crainte que le contraire ne soit vrai, je rétorquerais sans doute qu'il est incohérent, parce qu'il n'est même pas possible de *vouloir* croire sur cette base.

S'impose donc l'idée d'une *discipline* de la croyance, ce qui implique des critères, des normes, des méthodes sur lesquels nous puissions en toute confiance régler notre assentiment. Cela suppose d'établir : 1) une frontière entre ce qui relève d'un savoir possible, même si ce savoir n'est pas *de fait* actuellement à notre portée, et ce qui ne peut être que cru, parce que cela échappe *en droit* à toute connaissance humaine ; 2) des critères de plausibilité, de probabilité de vérité quant à ce que nous croyons. Déterminer ce qu'il est raisonnable de croire, ce n'est pas délimiter le territoire de la vérité, mais celui que circonscrivent les exigences fondamentales de l'esprit. Il serait vain d'espérer une recette permettant de convertir toutes nos croyances en connaissances. Il ne l'est pas de chercher à connaître les conditions d'une croyance légitime. La question est donc : *comment savoir ce qu'il faut croire ?*

Poser cette question, c'est déjà s'être libéré d'une certaine manière de croire, qui adhère sans s'interroger parce qu'elle ne conçoit même pas la possibilité de refuser, de différer ou de nuancer cette adhésion. C'est adopter vis-à-vis de ce que l'on croit une attitude faite de distance, de recul, voire de suspicion. L'esprit libre veut bien croire, mais il entend savoir pourquoi il croit et comment. Il reconnaît que bien des choses ne se donnent pas à lui en pleine lumière, que d'autres sont même entourées d'obscurité complète, mais avec cela, il entend être au clair. L'ombre où baignent les objets de sa croyance ne doit pas affecter les principes qui règlent cette croyance. Cette exigence définit l'idéal d'une pensée critique, qui fait retour sur l'ensemble des contenus de l'esprit. *Critique* : du verbe grec *krinein*, séparer (le bon grain de l'ivraie), distinguer (le vrai du faux), trancher (une querelle), sélectionner (un candidat de préférence à un autre). La critique *discrimine*. Elle passe au *cri*ble, fait le tri de ce qu'on retiendra et de ce qu'on laissera.

Ce serait toutefois une erreur de ne prendre la question que par le côté négatif de l'indispensable défiance à l'endroit du faux. L'exercice du jugement droit et de l'esprit critique ne requiert pas seulement un art de ne pas se laisser duper. Il faut aussi savoir croire, parce que là où aucun savoir n'est disponible, la suspension de jugement n'est pas toujours ni nécessairement l'attitude la plus pertinente. Engager sa croyance au-delà de ce qu'on sait peut relever, en certaines consistances, d'une forme d'impératif, qu'il soit – pour reprendre la taxonomie kantienne – hypothétique (technique ou pragmatique) ou bien catégorique, c'est-à-dire moral. Quelque réticence qu'on ait même à l'égard des dogmes religieux et de la sorte d'adhésion qu'ils exigent, rien ne justifie qu'on exclue *a priori* la foi des modalités légitimes du croire. Et Jules Renard a cette remarque en son *Journal* : « Comme on serait meilleur, sans la peur d'être dupe »[1].

Comment savoir ce qu'il faut croire ? : ce programme n'est pas loin de se confondre avec celui de la philosophie, entendue comme quête de la sagesse. Car si l'on définit le sage, avec Alexandre Kojève, comme « l'homme capable

---

1. Jules Renard, *Journal*, 18 janvier 1896, « Bibliothèque de la Pléiade », Paris, Gallimard, 1965, p. 315.

de répondre d'une manière compréhensible, voire satisfaisante, à *toutes* les questions qu'on peut lui poser au sujet de ses actes, et de répondre de telle façon que l'*ensemble* de ses réponses forme un discours cohérent »[1], la sagesse exige au moins pour commencer une hygiène intellectuelle. Le sage n'est pas infaillible, et encore moins omniscient. Il se trompera quelquefois, quoique moins souvent que le vulgaire. Ce qu'il avait cru pourra s'avérer faux, mais jamais pour avoir manqué, par imprudence, précipitation ou prévention, aux règles du « bien croire ».

PROBLÉMATIQUE

Savoir ce qu'il faut croire : c'est un programme raisonnable. Il est néanmoins problématique. On peut croire sans savoir qu'on croit, mais en croyant qu'on sait. L'esprit conditionné, endoctriné ou fanatisé, croit sans se demander s'il est fondé à croire. Il ne questionne ni la valeur de ce qu'il croit, ni celle de la croyance en général. La distinction même de la croyance et du savoir lui est étrangère. Mais alors, si ceux qui croient « dur comme fer » à des billevesées croient savoir quand en réalité ils errent, d'où puis-je savoir, moi, que je sais *réellement* quand je *pense* savoir ? Sans doute ai-je le sentiment d'échapper, par l'éducation et l'instruction que j'ai reçues, par la liberté que m'offre mon environnement social, au triste sort du fanatique endoctriné. Mais qu'est-ce qui m'assure de la capacité de convertir ce qui n'est qu'un état mental subjectif en certitude objective ?

Le problème se complique, et doit s'énoncer ainsi : *celui qui croit croyant bien souvent savoir (alors qu'il ne*

---

1. A. Kojève, *Introduction à la lecture de Hegel*, Paris, Gallimard, 1947, p. 271.

fait que croire), comment celui qui prétend savoir (ce qu'il faut croire) peut-il être sûr de s'être élevé (au sujet de ce qu'il doit croire) au niveau d'un vrai savoir ? En d'autres termes, il s'agit d'établir les conditions propres à fonder un *jugement* sur nos croyances.

On débouche ici sur la question rebattue du critère de la vérité, dont on sait depuis longtemps que la recherche est menacée par la vieille objection sceptique de la régression à l'infini : la possession d'un tel critère supposerait qu'on se soit assuré de sa validité, au moyen d'un critère d'ordre supérieur dont la validité devrait à son tour être établie, ce qui ne serait possible qu'au moyen d'un nouveau critère, et ainsi de suite indéfiniment.

Un traitement fructueux des problèmes que nous pose la croyance n'exige peut-être pas la résolution de cette aporie classique. Il requiert en revanche une exploration préliminaire de l'univers sémantique des termes relatifs à la croyance, jusqu'ici employés indifféremment et sans recevoir d'acception précise. À commencer par « croyance » lui-même. Ce premier travail, limité à quelques définitions nominales, constitue un préalable pour la recherche de la définition réelle[1] des attitudes relevant des formes diverses du croire, comme par exemple l'opinion, la conviction ou la foi ; ou bien de celles qui s'en démarquent plus nettement comme le savoir ou la connaissance. Cette tâche préalable exige de jeter plus qu'un coup d'œil sur le lexique de plusieurs langues étrangères, au moins européennes.

---

1. Cette distinction entre définition nominale : explicitation du sens du mot, et définition réelle : énoncé de la nature de la chose que le mot désigne, vient d'Aristote (*Seconds Analytiques*, II, 10, 93b 28-94a 13). Aucune définition nominale de la croyance ne dira par exemple comment nous la formons ni si elle consiste en un état affectif, un jugement intellectuel ou plutôt une disposition à l'action.

QUESTIONS DE VOCABULAIRE

La langue naturelle a multiplié les pièges. En français, « croyance » désigne aussi bien le contenu de ce qui est cru que le fait même de croire, sans d'ailleurs que ce fait soit spécifié comme un *état* dans lequel se trouve l'esprit, ou plutôt comme une *action* dont il a l'initiative. Mille croyances m'habitent en effet, que je n'assume par aucun jugement conscient. Même quand je n'y pense pas, je crois qu'on risque de s'enrhumer si l'on sort nu-tête sous la pluie, et c'est pour cela que je prends mon parapluie. Tout un univers de croyances sous-tend en permanence nos pensées et nos actes, comme un « arrière-plan » de l'existence humaine, et sans lequel elle serait tout simplement impossible.

Une forte polysémie affecte le verbe : il est évident qu'on ne croit pas qu'il va faire orage comme on croit la parole de tel journaliste ou en l'efficacité d'une prière à la sainte Vierge.

On croit *en* Dieu ou *en* l'homme ; on croit *au* Père Noël ou *à* l'influence des astres, mais aussi *à* l'innocence d'un suspect ; on croit *que* l'année sera exceptionnelle pour les Bordeaux ou *que* la reprise économique n'est pas pour demain ; on croit tout court son professeur ou son journal.

Cette variété des constructions syntaxiques correspond clairement à des distinctions sémantiques. « Croire *que* » dénote l'assentiment, sur un mode plutôt intellectuel, à une affirmation. Croire quelqu'un, c'est croire ce qu'il dit. « Croire *en...* » suggère une adhésion de nature affective et fait signe vers ce qu'on appelle *foi*, sans contenu nécessairement religieux : on peut avoir foi en un ami ou en la construction européenne. Dans la profession de foi chrétienne, « je crois en Dieu » signifie qu'on est convaincu de son existence. Mais alors, la traduction du « *credo ecclesiam* » par « je crois en l'Église » sonne bizarrement puisque l'Église est une réalité du monde qu'on peut constater et dont l'existence est par conséquent connue, et non crue. « Je crois en l'Église » devrait plutôt signifier « je lui fais confiance ». L'expression « je crois *à* l'Église » ne présentant pas un sens très clair, certains théologiens préfèrent comprendre : « je crois l'Église », c'est-à-dire ce qu'elle dit, la parole qui en émane. Mais le texte latin complet dit : « *Credo* [...] *unam, sanctam, catholicam, et apostolicam Ecclesiam* », ce qui doit plutôt signifier qu'un chrétien croit l'Église une, sainte, catholique (c'est-à-dire universelle) et apostolique, dans le sens où l'on dit de quelqu'un : « Je le crois sincère ».

Le sens du substantif ne recouvre pas plus celui du *verbe* que pour *amour* ou *devoir* (j'aime les cèpes, mais pas d'*amour* ; je dois mourir, mais ce n'est pas un *devoir*). Si je crois que l'après-midi sera pluvieux ou que ma voiture a un problème de batterie, on ne parlera pas de croyance, tandis que verbe et nom sont également pertinents dans le domaine religieux ; on dira « opinion » dans le domaine politique, « avis » dans l'ordre technique, par exemple médical. Toutefois, un chrétien ou un musulman qui déclare croire en Dieu, en la vie éternelle et en la résurrection des corps – donc se compte parmi les « croyants » – parlera de sa foi, sûrement pas de ses « croyances », mot qu'il emploie plus volontiers pour les superstitions, voire les dogmes d'une autre religion que la sienne. Un athée fera état de sa conviction. On ne dit guère « ma croyance » pour parler de ce qu'on croit soi-même quand on donne son *opinion*, son *avis*, son *jugement*, son *point de vue* ou son *sentiment ; a fortiori* lorsqu'on confesse sa *foi*. Les croyances, c'est bon pour les autres ; par exemple les sauvages, les primitifs, les naïfs.

« Croyance » se met facilement au pluriel, pour signifier que si la vérité est une (il y a forcément du faux dans des discours qui se contredisent), l'erreur, elle, épouse la multiplicité des idiosyncrasies et des conditions, des traditions et des cultures, des situations et des points de vue. Le mot « foi », en revanche, résiste au pluriel.

C'est donc qu'en français courant, une nuance légèrement péjorative, absente du verbe « croire », affecte le substantif. Aucune valeur dépréciative n'est attachée à des mots comme « pensée », « idée » ou « conviction ». Il y a de « bonnes idées » comme il y en a de mauvaises, et de « mauvaises pensées », comme il y en a de bonnes. Les dictionnaires n'insistent pas sur cette nuance péjorative du mot « croyance », mais elle transparaît nettement dans les exemples choisis par le grand Robert. Symétriquement, le mot de « foi » jouit d'une valeur méliorative, indépendamment de toute référence religieuse (excepté, cela va sans dire, pour des expressions toutes faites comme « ajouter foi »).

Le français de nos philosophes contemporains n'a guère retenu ces nuances. Sans doute sous l'influence de l'anglo-américain, « croyance » s'y est récemment imposé dans le sens neutre de la simple adhésion à un contenu de pensée, que signifie *belief* chez les philosophes d'outre-Manche ou d'outre-Atlantique : si j'ai soif, j'ouvre le réfrigérateur parce que j'ai les « croyances » qu'il y reste de la bière, et que la bière est susceptible d'étancher ma soif. Une croyance, écrit Pascal Engel, est « un état qui sert de transition, moyennant des désirs et d'autres états mentaux, entre des entrées d'information (par exemple des perceptions) et des sorties comportementales (par exemple des actions ou des énonciations) ou d'autres états mentaux »[1].

Existe-t-il en français un terme axiologiquement neutre qui exprimerait simplement le fait ou l'acte de tenir pour

1. P. Engel, « Les croyances », dans *Notions de philosophie*, Paris, Folio-Gallimard, 1995, t. II, p. 30.

vrai ? Oui, et il y en a même deux. Le premier est celui d'« assentiment », souvent choisi pour traduire le terme kantien *Fürwahrhalten*, qui a littéralement cette signification : « tenir pour vrai ». On peut toutefois reprocher à « assentiment » : 1) de renvoyer trop directement à l'*expression* de ce qu'on croit : donner son assentiment, c'est l'énoncer sous la forme d'une assertion (la même ambiguïté se présente pour « consentement ») ; 2) de suggérer trop clairement une conception affective, plutôt qu'intellectuelle, de l'adhésion. Il est temps de ressusciter un mot oublié qui véhiculait autrefois cette acception, et qui était le mot *créance*[1]. Descartes définit le doute comme la « résolution de se défaire de toutes les opinions qu'on a reçues auparavant en sa créance »[2]. Pascal parle d'un « devoir de créance à la science »[3]. Durkheim dit du concept que « nous lui demandons ses titres avant de lui accorder notre créance »[4]. Définissant pour l'historien les conditions d'un bon usage des documents, Lucien Febvre invite celui-ci à « trier parmi eux les seuls dignes de créance[5]. « Tenir pour vrai » étant une expression d'usage malaisé, « créance » est le meilleur candidat à la fonction générique

1. Le mot a survécu en français dans son acception financière : le droit en vertu duquel le *créancier* est fondé à exiger une certaine somme d'argent. Le créancier ne se contente d'ailleurs pas de *croire* qu'il sera remboursé ; il s'entoure de garanties juridiques impliquant pour le débiteur la possibilité d'être contraint d'honorer la créance. Notons que le français a aussi perdu un verbe : *cuider*, qui signifiait « croire à tort », par présomption, ou excès d'imagination. Une trace en demeure dans l'adjectif *outrecuidant*.

2. Descartes, *Discours de la méthode*, IIe Partie ; *Œuvres philosophiques*, Paris, Éditions Garnier Frères, 1963, t. I, p. 583.

3. Pascal, *Pensées*, LG 54, Br 332, L 58.

4. Émile Durkheim, *Les Formes élémentaires de la vie religieuse* (1912), Conclusion, III, Paris, P.U.F., 1998, p. 624.

5. Lucien Febvre, Leçon d'ouverture au Collège de France, 13 décembre 1933, dans *Combats pour l'histoire* (1952), Paris, Librairie Armand Colin, 1992.

que Kant accorde à *Fürwahrhalten* dans la *Critique de la raison pure*[1], où il se décline sous les trois aspects de l'opinion, du savoir et de la foi[2]. On suivra plus loin cette typologie kantienne de l'assentiment. Mais il n'est pas inutile de noter dès maintenant que pour le lecteur français, la traduction par « foi » de l'allemand *Glaube* (d'où dérive étymologiquement *belief*) tire le mot dans une direction religieuse qu'il n'implique pas dans tous les cas : « croyance » le traduit aussi bien. L'allemand n'a pas connu le processus de séparation qui a conduit le français *croyance* et l'anglais *belief* à assumer la signification très générale d'adhésion à un contenu mental quelconque, tandis que *foi* et *faith* se voyaient chargés d'une valeur principalement religieuse.

L'usage français du vocable « croyance » interdisant de lui faire assumer l'idée de savoir, avec laquelle il se trouve même en opposition directe, *le vocable « créance » couvrira dans ce qui suit le domaine général de ce qu'on tient pour vrai, que cet assentiment relève du savoir ou de la croyance.*

Le mot est neutre au regard des considérations suivantes :
– La vérité ou la fausseté de ce qui est *tenu pour* vrai par le sujet.

1. Plusieurs traducteurs de la *Critique de la raison pure* ont choisi de rendre *Fürwahrhalten* par « créance ». C'est le choix d'Anne-Dominique Balmès et Pierre Osmo dans leur version française du *Kant-Lexikon* de Rudolf Eisler, Paris, Gallimard, 1994.

2. Kant, *Critique de la raison pure*, II : « Théorie transcendantale de la méthode », chap. II : « Le canon de la raison pure », 3e section : « De l'opinion, du savoir et de la foi », dans *Œuvres* I, « Bibliothèque de la Pléiade », Paris, Gallimard, p. 1376. Cette typologie est reprise dans le cours de *Logique*, Introduction, IX : « Perfection logique de la connaissance selon la modalité », trad. fr. L. Guillermit, Paris, Vrin, 2007, p. 73 *sq*.

– La nature même de l'assentiment : état mental ou disposition à adopter un certain comportement ? Est-il un état dans lequel se trouve le sujet ou bien un acte dont il a l'initiative ? Est-il soumis à la volonté ?

– Sa teneur psychologique : intellectuelle ou affective ? explicite (assertive) ou implicite (inconsciente) ?

– Ses objets possibles : faits, idées, représentations, propositions, théories, dogmes, etc. ; leur nature profane ou religieuse.

– Ses degrés éventuels, relativement à la force de l'assentiment.

– Son étiologie : les causes et les mécanismes de production de l'assentiment.

– Sa relation aux actions et à la conduite de la vie : en est-il le motif justifiant ou la cause nécessitante ?

C'est un fait irrécusable, mais embarrassant, que s'il existe en français « assentiment » et « créance » pour dire le simple fait de tenir pour vrai (sous toutes les formes du croire *et du savoir*), il n'existe en revanche aucun terme spécifique désignant le fait de tenir pour vrai quelque chose qu'on ne sait pas. Je continuerai, comme je l'ai fait jusqu'ici, de sacrifier à l'habitude d'utiliser « croyance » dans ce sens générique. Pourtant, le mot « croyance » *ne peut pas* en toute rigueur être ce terme, pour les raisons que je viens d'évoquer : du diagnostic du médecin à la foi du croyant, en passant par la confiance dans les prévisions de la météo, bien des formes du croire souffrent mal d'être nommées « croyance ».

CHAPITRE PREMIER

DES NORMES DU BIEN-CROIRE

Récapitulons les évidences déjà énoncées : toutes nos créances ne sont pas d'égale valeur, parce que l'assentiment doit être réglé selon certains principes et certaines normes. La recherche de ces principes permettra en outre de mieux définir les différentes attitudes relevant de la créance.

CLASSIFICATION DES NORMES

Quelles sont ces normes, quels principes doit-on appliquer ? On peut les chercher dans deux directions : *objective* et *subjective*.

Par « objectif », j'entends ce qui a trait au contenu de la créance elle-même et aux effets qu'elle produit dans le monde. L'aspect subjectif concerne les modalités psychologiques qui président, dans le sujet, à son adoption ou à sa persistance. Le côté objectif comporte deux aspects : *épistémique* et *effectif*. La norme épistémique correspond au point de vue de la *vérité* de la créance ; la norme d'effectivité à celui de ses *effets pratiques* dans le monde.

Commençons par ce dernier aspect.

Normes objectives (1) : effectivité pratique (norme technique et norme éthique)

Croyance, opinion, conviction, foi ou connaissance sont susceptibles de se manifester dans le monde par leurs effets, sur nous-mêmes et sur nos semblables, à des échelles allant de l'individu à l'humanité tout entière, en passant par les proches, la communauté professionnelle, religieuse, nationale, etc. Certains de ces effets se déploient au-delà du monde humain, jusqu'à la nature. Tous sont justiciables d'une évaluation selon le critère de l'efficacité : la confiance du patient dans son médecin et dans le traitement qu'il lui prescrit augmente ses chances de guérison (effet placebo) ; de même celle du maître dans la capacité de l'élève à donner le meilleur de lui-même (effet dit « Pygmalion »). Ce sont là, jugées à l'aune de l'efficacité, de bonnes croyances. Rapportée au même critère, la disposition mentale du chasseur persuadé en décrochant son fusil qu'il ne tuera rien est mauvaise. Des croyances dissidentes ou hérétiques menacent l'unité d'un parti politique ou d'une Église, mais peuvent aussi produire des effets bénéfiques. Un parti s'enrichit de ses débats internes. L'Église romaine a toujours brandi le principe paulinien : « *Oportet haereses esse* » ; il est bon qu'il y ait des hérétiques, car leur réfutation donne à l'orthodoxie l'occasion de préciser l'image de la vérité[1] ! Ce que nous croyons au sujet de la nature, des êtres et des forces qui l'habitent, influence notre capacité à exercer sur elle une action efficace. La division des espèces en utiles et nuisibles a contribué à appauvrir leur diversité.

---

1. Paul, 1er *Épître aux Corinthiens*, XI, 18-19. N'importe quelle autorité peut évidemment se prévaloir de ce principe, puisqu'elle tient pour hérétique le point de vue des vaincus, et définit comme vérité celui qui s'est imposé, souvent par des voies et sur des critères ayant peu à voir avec le souci du vrai, et beaucoup avec des rapports de force.

L'évaluation peut également être morale, ou éthique[1]. Que l'on soit ou non – et c'est une question délicate – responsable de ce qu'on croit, il faut bien imputer une certaine responsabilité pratique à celui dont l'action a trouvé dans ce qu'il croyait un facteur de détermination causale ou un motif servant de justification. La foi de l'évêque Bienvenu dans la capacité de Jean Valjean à choisir la voie du bien, doit, sous l'aspect moral et au vu de ses conséquences, être jugée favorablement. Cet exemple, pour fictif qu'il soit, nous incite à cultiver chez les humains des dispositions fortes à la confiance en autrui. Au contraire, la représentation du peuple juif longtemps dominante en Europe a eu sa part (causale) dans la formation du projet génocidaire des nazis, et peut-être plus encore dans le consentement des peuples à son exécution. Ce pourquoi on juge légitime d'interdire par la loi l'expression de certaines opinions, et nécessaire de prévenir par l'éducation leur formation ou leur retour dans les esprits.

Normes objectives (2) : vérité (norme épistémique)

Ce que je crois peut être vrai ou faux. Je peux me tromper : croire réel ou bien possible ce qui ne l'est pas, croire avoir vu autre chose que ce qu'en réalité j'avais sous les yeux, créditer quelqu'un d'une confiance imméritée. Je peux aussi avoir supposé, prévu ou deviné juste, y compris contre la majorité, voire contre tous. Bref, toute créance est susceptible d'être évaluée à l'aune de la norme de vérité.

---

1. Le « ou » est ici à prendre au sens du latin *sive* : c'est-à-dire. On n'accordera pas trop d'importance, dans ce qui suit, à la distinction de la *morale* et de l'*éthique*. La pertinence de cette distinction est indiscutable dans plusieurs contextes. Mais dans la langue courante, c'est plutôt la mode qui a substitué *éthique* à *morale*, définitivement congédié comme ringard.

Est ici en jeu le contenu de la créance, en tant qu'elle se rapporte à un objet déterminé. Qu'elle porte ou non des conséquences pratiques dans le monde, qu'elle soit réfléchie et assumée en pleine connaissance de cause ou au contraire subie passivement sur le mode d'un conditionnement, que sa teneur psychique soit purement intellectuelle ou plutôt affective, qu'elle détermine ou non un comportement ou une action, enfin quel que soit son degré de force, la créance porte sur quelque chose et doit pouvoir, en tant que telle, s'exprimer sous la forme d'une assertion se rapportant à une réalité quelconque. Toute créance appartient à ces attitudes mentales qu'on appelle *propositionnelles*, pour souligner le fait qu'elles portent sur une proposition (ou plusieurs), c'est-à-dire un énoncé susceptible d'être vrai ou faux. Le sentiment de sécurité peut se traduire : « Le lieu où je me trouve, la route que j'emprunte, ne sont menacés par aucun danger réel » ; la foi en l'autre qui caractérise l'amant : « Ma chérie m'aime de tout son cœur et m'est fidèle » ; celle du croyant : « Dieu existe » ; du chrétien : « Jésus est vivant » ; du musulman sunnite : « Il n'est de divinité que Dieu et Mahomet est son Messager » ; l'attente confiante du prince charmant que nourrit cette jeune fille dont parle Freud[1] : « Je suis bien assez séduisante pour être distinguée entre toutes par un grand de ce monde ».

Toutes ces phrases sont des expressions langagières d'objets propositionnels avec lesquels elles ne doivent pas être confondues. On doit à Bernhard Bolzano[2] une distinction subtile mais décisive concernant la proposition. Écrite ou prononcée, elle existe physiquement sous la

---

1. Freud choisit cet exemple au chap. VI de *L'avenir d'une illusion*.
2. Bernhard Bolzano (1781-1848), mathématicien, logicien, philosophe et théologien autrichien de langue allemande.

forme de son *expression* matérielle. Elle peut être seulement pensée par un esprit ; elle existe alors psychiquement, sous la forme de sa *conception* mentale. Ce sont là deux façons pour la proposition d'exister dans le monde, située et datée comme tout événement réel, c'est-à-dire prononcée, écrite ou pensée en tel lieu et à tel moment.

Mais Bolzano distingue de cette proposition existante ce qu'il appelle « une proposition en soi ou une proposition objective ». Ces deux expressions désignent, par opposition aux expressions concrètes de la proposition, le *contenu de sens* de cette proposition. Cette distinction avait été aperçue par les stoïciens, subtils analystes de la langue et grands logiciens. Chrysippe (280 – 200) remarque que si je dis que Dion se promène, je peux montrer Dion se promenant, et faire entendre (ou voir s'il est écrit) l'énoncé « Dion se promène ». Mais ce qu'on ne peut ni voir ni entendre, c'est ce qui est à comprendre dans l'énoncé. Ce contenu de sens échappe à celui qui ne comprend pas la langue dans laquelle l'énoncé est formulé, même si, n'étant pas aveugle, il voit Dion se promener ou, n'étant pas sourd, il entend l'énoncé : « Dion se promène ». Les stoïciens appellent cela l'*exprimable* ; en grec, le *lekton* (du verbe *legein* : vouloir dire, signifier). Le *lekton* est une « pensée pensée », par différence avec la « pensée pensante » d'un esprit quelconque en train de concevoir la proposition. Avec le temps, le lieu et le vide, l'exprimable est l'une des quatre réalités que les stoïciens tiennent pour incorporelles. L'idée correspond d'assez près à ce que la linguistique appelle le *signifié*, par opposition au *signifiant*. Les « pures propositions en soi », dit Bolzano, « n'appartiennent à aucun temps et à aucun lieu ». C'est sur elles que porte la qualification de vrai ou de faux. Lorsque nous disons d'une croyance qu'elle est vraie ou fausse (sans préjuger du caractère strictement binaire de cette qualification[1]), c'est sur ce contenu de sens que porte l'appréciation.

Norme subjective : passivité et activité dans la créance

Revenons à l'échelle des « degrés du croire » selon Alain. Ni le souci de l'effectivité pratique, ni celui de la vérité n'interviennent comme critères dans la hiérarchisation qu'il propose. Il n'est question que de la manière dont l'esprit a formé son opinion puis la conserve. Alain se place, pour juger de la valeur des différentes croyances, au seul point de vue du *sujet*. Apparaît alors une autre norme d'évaluation. Sans doute, « croire par peur ou par désir », mais aussi « par coutume et imitation », sont placés « au plus bas » de l'échelle de valeur dans l'ordre du croire, parce que ces façons de donner créance impliquent les chances les plus faibles d'accéder au vrai. Mais elles sont dévaluées aussi, et en fait surtout, en tant qu'elles placent la croyance sous le régime de la passivité. Il n'est besoin que de subir et se laisser aller pour suivre des affects comme la peur et le désir, et pour y conformer ses jugements puis les conduites qui en découlent. L'imitation de la coutume, le prestige des puissants (rois, riches) et la ruse des habiles (orateurs) s'imposent d'eux-mêmes. Il n'y a dans tout cela que des forces, naturelles ou sociales, dont je suis le jouet. Dans ce qui en découle, y compris en moi-même, je n'ai nulle initiative. Il en va différemment lorsque je reconnais la compétence des « plus savants », parce que cette reconnaissance suppose déjà le niveau minimal de savoir requis pour estimer la supériorité de celui qui en possède plus que moi. Elle procède d'une démarche intellectuelle

---

1. Il n'est pas *a priori* absurde de supposer que vérité et fausseté admettent des degrés.

dont je garde, au moins partiellement, l'initiative. L'attitude consistant à « croire ce que tout le monde croit » se tient dans une sorte de milieu entre passivité et activité. C'est souvent suivre le troupeau ; mais adopté en connaissance de cause comme critère, le *consensus omnium* atteste aussi une sorte d'humilité prudente : dois-je me croire à ce point avisé que j'aie pu découvrir seul ce que nul autre n'a vu ?

Aux normes d'évaluation « objectives » que sont l'effectivité pratique et la valeur épistémique, vient donc s'ajouter cette norme qu'on peut dire « subjective », en ce qu'elle porte sur la manière – passive ou active – dont le sujet place sa créance. Autrement dit sur le degré auquel il est capable de l'assumer dans un *jugement réfléchi*. Attention seulement à ceci : que pour être qualifié de « subjectif », c'est-à-dire rapporté à une façon d'être du sujet, ce critère d'évaluation n'en porte pas moins sur une donnée parfaitement réelle, et *objectivement* réelle. Endoctrinement, propagande, séduction, conformisme et pusillanimité sont malheureusement des réalités.

IMPÉRATIF DE DISTINCTION DES ORDRES ; CONFUSIONS ET SOPHISMES

Nos jugements de valeur sont exposés à toutes sortes de sophismes. L'un des plus fréquents consiste à laisser le critère auquel nous référons l'évaluation dans un flou suffisant pour nous permettre de passer subrepticement d'un critère à un autre au fil de la discussion. Il importe donc de bien distinguer ces normes au nom desquelles nous évaluons nos créances. Par exemple, les deux points de vue *effectif* et *épistémique*. Sans doute, si ce que je crois est vrai, mon action a beaucoup plus de chances de s'avérer techniquement efficace : la voiture sera plus vite réparée si l'hypothèse sur les causes de la panne est juste. Mais la distinction des deux critères de la vérité et de l'efficacité n'en doit pas moins être maintenue. Si la ferme croyance que le pronostic de sa maladie est favorable donne au patient de plus grandes chances de guérir, c'est peut-être pour lui la meilleure chose à croire, et une raison pour ses proches ou pour le médecin de le conforter dans cette certitude. Il reste que la décision de le laisser dans l'illusion n'empêchera probablement pas ceux qui l'ont prise de former un jugement quant à la probabilité que cette conviction soit vraie (et partant de s'interroger sur la légitimité d'un mensonge).

Un rapport existe peut-être, mais déjà probablement moins étroit et moins direct, entre la vérité de ce que croit l'agent (norme épistémique) et la valeur morale de ses actions (norme éthique). Mais ici aussi, la confusion entraîne bien des sophismes. Il faut combattre cette tendance très répandue, à prendre argument des dégâts imputables à une opinion pour conclure à la fausseté de cette opinion. Si les préjugés racistes ou antisémites sont faux – et ils le sont assurément – ce n'est pas parce qu'ils conduisent à la ségrégation, à l'exclusion, voire aux camps d'extermination. Cet avertissement de Hume est trop souvent ignoré :

> Il n'est pas de méthode de raisonnement plus commune, et pourtant il n'en est pas de plus blâmable, que de chercher, dans des discussions philosophiques, à réfuter une hypothèse quelconque en tirant prétexte de ses dangereuses conséquences pour la religion et la moralité. Quand une opinion conduit à des absurdités, elle est certainement fausse ; mais il n'est pas certain qu'une opinion soit fausse, parce qu'elle est de dangereuse conséquence. On devrait s'abstenir de recourir à tels arguments, comme ne servant en rien à la découverte de

la vérité, mais seulement à faire jouer à l'adversaire le rôle d'un personnage odieux[1].

On comprend aisément que si l'on évalue les opinions ou les convictions selon les critères de la vérité d'une part, et de l'activité ou de la passivité du sujet d'autre part, on voit les classements se ressembler. Il est en effet vraisemblable que la hiérarchie que propose Alain coïncide avec une échelle de probabilité croissante, pour les opinions formées de telle ou telle façon, d'être vraies. Un avis sur des questions concernant les astres et l'influence qu'ils ont sur les phénomènes et événements terrestres, a plus de chances d'être vrai s'il coïncide avec « ce que les plus savants affirment en accord d'après des preuves », c'est-à-dire les astronomes, les physiciens et autres « savants » (dans la façon dont on traite communément la science, on a souvent tendance à oublier que nos « chercheurs » sont aussi des savants, c'est-à-dire des gens qui *savent* des choses que nous ignorons). Ces chances sont nettement moindres si l'on s'en remet à « ce que tout le monde croit », car c'est un fait que presque tout le monde croit que les phases de la Lune influent sur le temps qu'il fait, sur la pousse des végétaux et la fréquence des accouchements. Ce qui n'est vrai pour aucune de ces trois croyances. La troisième est la plus facile à réfuter, les dates de naissance et les phases de la Lune étant connues avec toute la précision souhaitable. Que celui qui ne serait pas convaincu conduise ses propres investigations, avec le niveau d'exigence qui lui paraît souhaitable.

Il reste que les « plus savants » n'étant pas infaillibles, je peux me tromper en adoptant leur avis. Et qu'à l'inverse,

---

1. Hume, *Enquête sur l'entendement humain*, Section VIII, IIe partie (notre traduction).

un préjugé inculqué sous le régime de la passivité, par le conditionnement et la propagande, peut quelquefois être vrai.

S'il faut se garder de discuter la vérité d'une opinion en invoquant « ses dangereuses conséquences pour la religion et la moralité », la norme de subjectivité semble en revanche reconduire aux aspects éthiques de la créance. Car s'il est vrai qu'il y a pour chacun une obligation morale d'acquérir et de conserver la maîtrise de ses actions, on ne voit pas pourquoi il en irait différemment pour les opinions et les convictions. Le rapprochement s'impose avec d'autant plus de légitimité que les premières dépendent des secondes. De sorte que dans l'échelle alinienne des degrés du croire, les « plus bas » (peur ou désir) ne comportent pas seulement un plus grand danger d'erreur. Ils encourent la condamnation de Pascal : « Tout ce qu'il y a d'hommes sont presque toujours emportés à croire non pas par la preuve, mais par l'agrément. Cette voie est basse, indigne et étrangère : aussi tout le monde la désavoue. Chacun fait profession de ne croire et même de n'aimer que s'il sait le mériter »[1]. On verra plus loin que si ce jugement reçoit l'approbation de penseurs aussi éloignés que Bossuet, Nietzsche ou André Comte-Sponville, il ne fait pas non plus l'unanimité ; et qu'il est même l'objet d'un des débats les plus cruciaux au sujet des normes auxquelles il convient de soumettre la croyance[2].

1. Pascal, *De l'esprit géométrique*, Section II : « De l'art de persuader », *Œuvres complètes*, t. III, p. 378-379, Paris, Desclée de Brouwer, 1991, p. 413. La dernière phrase doit être comprise : chacun prétend ne croire et même n'aimer que ce qu'il sait mériter d'être cru ou aimé.
2. Voir le dernier chapitre : « La croyance entre intellect et affectivité : La controverse Clifford – James ».

CROIRE ET SAVOIR

L'échelle des « degrés du croire » selon Alain s'élève en direction d'une forme supérieure de créance, qui n'est pas mentionnée, mais qui en constitue comme l'idéal. Cette perfection, c'est le *savoir*. Le savoir est *l'autre* de la croyance[1]. Si l'on ne sait pas, il faut croire, ou suspendre son jugement. Il faut donc aussi, afin de cerner la créance dans l'unité de sa diversité, définir le savoir.

Le s*avoir* doit être distingué du *croire* à deux niveaux distincts, qui correspondent respectivement aux normes précédemment définies comme *épistémique* et *subjective*.

Dans la *définition* du savoir, ni l'évaluation éthique à partir des conséquences morales, ni l'évaluation technique fondée sur l'efficacité pratique ne sauraient être prises en compte.

C'est évident pour l'aspect éthique. De ce que je sais, je peux faire le meilleur usage, comme le pire. Il est possible que la décision de se consacrer à la recherche de la « connaissance objective » « constitue un choix éthique », au principe de ce que Jacques Monod appelle, dans *Le hasard et la nécessité*, « l'éthique de la connaissance »[2]. Mais pour Monod lui-même, ce choix a pour conséquence qu'« une distinction radicale, indispensable à la recherche de la vérité elle-même, est établie entre le domaine de l'éthique et celui de la connaissance ».

---

1. Avec cette précision, que si l'on ne parle jamais de « croyance » pour un savoir, on dira bien que ce qu'on sait, on le croit, au sens le plus large (donc le plus faible) du verbe : on le tient pour vrai.
2. Jacques Monod, *Le hasard et la nécessité*, Paris, Seuil, 1970, p. 218-220. Grande figure de la biologie française de l'après-Seconde guerre mondiale, Jacques Monod fut en 1965 Prix Nobel de médecine avec François Jacob et André Lwoff.

Quant à l'aspect technique, il est certain que lorsque l'agir s'appuie sur un savoir (par exemple celui des sciences), la probabilité d'efficacité technique est considérablement augmentée. Mais d'une part, des croyances erronées peuvent s'avérer efficaces. D'autre part, l'efficacité n'est qu'un effet indirect de la connaissance ; elle ne doit pas entrer dans la définition de son essence. Un savoir dont la possession ne débouche sur aucune possibilité d'action technique n'en reste pas moins un savoir de plein droit. Alors qu'aucun contenu mental ne peut être considéré comme relevant du savoir s'il est privé d'une seule des deux propriétés suivantes : *vérité* et *réflexivité*.

Les deux exigences définitionnelles du savoir

Au niveau *épistémique* : la vérité. Un savoir, par définition, ne peut être que vrai. Savoir quelque chose de faux, ce ne serait pas savoir mais ignorer. Que « savoir » ait été le *nom*, l'*appellation* décernée durant des siècles à une erreur par ceux qui en étaient les dupes ne signifie qu'une chose : on avait *tenu pour vrai* ce qui était faux. Bref, on avait *cru*, *cru savoir* ce qu'on ignorait. Il n'en va pas de même du *croire* : on peut croire le faux comme le vrai. Croyance, opinion, conviction, avis, conjecture, jugement, foi, confiance, etc. : tout cela inclut dans sa définition la possibilité de l'erreur. Savoir et connaissance l'excluent. Seulement, il ne suffit pas de *penser vrai* pour savoir. Il faut penser *en vérité*. Celui-là ne sait rien, qui ne sait ni pourquoi ni comment il sait. Beaucoup *ont appris* que la Terre tourne sur elle-même et autour du Soleil. Mais ce n'est encore que disposer d'une information. C'est toujours croire, sur la foi d'une autorité : celle des « plus savants ». Savoir l'astronomie, c'est autre chose. Il faut être en mesure d'affronter les objections, au moins les plus triviales, à l'encontre du mouvement de la Terre, celles que Galilée discutait il y a trois siècles dans le *Dialogue sur les deux grands systèmes du monde* ; par exemple, pourquoi le double mouvement de rotation de notre planète[1] ne tend-il pas à nous en éjecter, comme sur un manège très rapide ?

De là une seconde exigence relevant du niveau *subjectif* : la réflexivité. Dans la définition du savoir entre nécessairement l'exigence d'un retour sur soi, au minimum comme possibilité. Savoir vraiment, c'est savoir qu'on sait, comment on sait et pourquoi le savoir qu'on prétend posséder mérite ce nom. Cela n'implique pas qu'il n'y ait de savoir digne de ce nom qu'assorti d'une théorie de la connaissance en bonne et due forme. On n'a pas besoin, pour prétendre légitimement savoir, d'être instruit de gnoséologie ; pas plus que d'avoir appris la philosophie morale pour se conduire moralement. Sinon, il n'y aurait aucune science (ni aucune morale), et rien dont nous soyons en droit de dire que nous le savons (ou que c'est notre devoir). Seul le philosophe, soucieux de mener aussi loin que possible la recherche des fondements, pousse le questionnement et remonte jusqu'à découvrir les conditions ultimes de possibilité du savoir (Descartes et les cartésiens se targuaient d'y être parvenus) ou de la moralité (comme Kant prétendait l'avoir fait). Ou bien jusqu'à s'être convaincu que ces fondements sont inaccessibles (le sceptique : Pyrrhon, Montaigne, Pascal), ou n'existent pas (le philosophe matérialiste ou naturaliste[2]). Plus

---

1. Plus de 1000 km / h sous nos latitudes pour la rotation diurne, plus de 100 000 km / h pour la rotation annuelle autour du Soleil.

2. Comme Spinoza qui, dans le traité *De la réforme de l'entendement*, récuse la possibilité de valider jamais aucun savoir si l'on ne commence par prendre acte du *fait* que nous possédons effectivement un savoir.

modestement, le philosophe peut reconnaître son échec :
au terme d'une vie tout entière consacrée à la quête des
fondements de la connaissance, Husserl aurait reconnu
qu'il lui faudrait tout reprendre au commencement.

Cette obligation de radicalité n'incombe pas au commun
des hommes, qui peut se montrer à la hauteur de ce qui est
exigé de lui sans déployer, comme le dit Rousseau, « tout
cet effrayant appareil de philosophie : nous pouvons être
hommes sans être savants »[1]. Du moins nous pouvons
l'être sans détenir un savoir *absolu* – qui ne pourrait être
que d'ordre métaphysique – définissant les conditions de
possibilité de tout savoir. Mais à chacun, il faut au minimum
une conscience de l'obligation, pour tout ce qui se présente
à son esprit comme savoir, de fournir des justifications
valables au-delà des situations particulières et des
préférences individuelles.

Cette exigence de réflexivité est mentionnée par Kant
dans la typologie évoquée plus haut. Le savoir (*Wissen*) y
est défini : « assentiment suffisant aussi bien subjectivement
qu'objectivement »[2]. Qu'est-ce à dire ? L'état dans lequel
se trouve un sujet vis-à-vis de ses propres contenus mentaux
ne constitue pas une garantie suffisante de leur validité
objective. Il ne suffit pas d'adhérer très fortement à une
représentation pour qu'elle soit vraie. « Subjectivement
suffisant » signifie que la créance que je donne est de ma

Spinoza, *Traité de la réforme de l'entendement*, Paris, Vrin, 2002, p. 58,
§ 33 : « *habemus enim ideam veram* » ; nous avons toujours déjà (au
moins) une idée vraie, à partir de laquelle nous pouvons ensuite nous
assurer de la nature du vrai et des voies pour le connaître.

1. Rousseau, *Émile ou de l'éducation*, IV : « *Profession de foi du
vicaire savoyard* », Paris, Garnier-Flammarion, 1996, p. 90.

2. Kant, *Critique de la raison pure*, « De l'opinion, du savoir et de
la foi », *op. cit.*, p. 1377.

part sans réserve, sans mélange de doute ; « la suffisance subjective s'appelle conviction (*Überzeugung*) ». On parle de *certitude*.

De la certitude

Il paraît tout à fait évident que je ne peux pas dire « je sais » à propos de quelque chose au sujet de quoi j'aurais le moindre doute. Si vous dites « je sais », vous devez être prêt à parier, et gros ! Mais il est tout aussi évident qu'une conviction subjective ne suffit pas pour justifier la prétention de détenir un savoir. De là la seconde condition : que l'assentiment soit « objectivement suffisant ». Cette clause signifie qu'il n'y a savoir que là où peuvent être présentées des *raisons* en droit suffisantes pour entraîner l'assentiment légitime de quiconque (même si cet assentiment peut ne pas se produire en fait). Il n'est pas facile de déterminer le seuil à partir duquel une telle exigence se trouve satisfaite. Mais en définissant le savoir comme « un jugement *apodictique* », Kant affirme implicitement que l'idéal en est atteint dans la mathématique, seule à même d'établir démonstrativement des connaissances[1]. Cette condition de suffisance objective élève ma créance au niveau de la *certitude* (*Gewissheit*), que Kant identifie purement et simplement au savoir. Cette identification a de quoi choquer, et nous y verrions plutôt une confusion. En effet, la certitude est un certain état mental du sujet, qui ne nous paraît impliquer aucun rapport nécessaire à la vérité. L'usage courant valide la définition du *Vocabulaire technique et*

---

1. Kant, *Logique*, Introduction, IX, *op. cit.*, p. 79. « Apodictique » vient du grec *apodeixis*, qui signifie démonstration. Cet avantage accordé à la science mathématique dans la hiérarchie des savoirs a une longue histoire dans la philosophie.

critique de la philosophie d'André Lalande : « état de l'esprit à l'égard d'un jugement qu'il tient pour vrai sans aucun mélange de doute ». L'aplomb de Sganarelle déclarant à Dom Juan qu'« il n'y a rien de plus vrai que le moine bourru »[1] relève typiquement de cette sorte de certitude qu'on rencontre dans les superstitions les plus niaises. Mais pour conforme qu'elle soit à l'usage actuel du mot, la définition de Lalande va contre une tradition qui remonte au moins à Descartes, pour qui il n'y avait de certitude qu'à condition « qu'elle ne puisse être ôtée »[2]. Cette définition ne peut s'appliquer qu'au savoir, à la connaissance vraie. Si en effet il y avait certitude dans l'erreur et le préjugé, la définition impliquerait l'impossibilité de les extirper des esprits, ce qui est précisément le projet cartésien[3] !

La définition de la certitude relève d'une décision lexicale toujours discutable. Mais ce qui importe dans la définition kantienne du savoir, c'est que même sous l'aspect objectif de cette définition : que l'assentiment soit « objectivement suffisant », c'est encore à la conscience réflexive qu'il appartient d'apposer *in fine* à l'assentiment le sceau qui lui confère le statut du savoir. Il faut en effet que la certitude soit « liée à la *conscience* [je souligne] de la nécessité » du jugement. Plus loin, Kant distingue deux

---

1. Molière, *Dom Juan*, III, 1.
2. Descartes, « Réponses aux Secondes objections », dans *Œuvres philosophiques*, *op. cit.*, II, p. 569.
3. Spinoza refuse de même qu'on parle de certitude à propos du faux. *Éthique*, II, 49, Scolie : « L'idée fausse, en tant qu'elle est fausse, n'enveloppe pas la certitude. Ainsi, quand nous disons qu'un homme se fie à des idées fausses et n'en doute pas, nous ne disons pas qu'il est certain, mais seulement qu'il ne doute pas […]. Si fort qu'un homme soit supposé adhérer à des idées fausses, jamais pourtant nous ne dirons qu'il est certain ».

fondements possibles pour le savoir, qui correspondent aux deux seules sources de la connaissance : *empirique* (expérience) et *rationnel* (raison). On entre ici dans un autre problème, celui de la constitution de nos savoirs. Nous n'en sommes pour l'instant qu'à la définition.

La croyance ne comporte pas en elle-même l'obligation de réflexivité, bien qu'elle en réserve la possibilité. Sa définition n'implique rien quant au niveau de conscience que peut posséder un esprit des fondements sur lesquels il l'a formée, la conserve, l'abandonne ou la modifie. Ce niveau peut être nul, par exemple dans un esprit qu'on a pris soin d'endoctriner dès son plus jeune âge. Il peut être très élevé chez celui qui, tout en avouant être privé de certitude, se prononce sur une question difficile en pleine connaissance des raisons qu'on peut opposer à sa conviction.

Demeure ce fait : que pour autant qu'il soit en mesure d'en décider, nul ne peut, pour soi-même, vouloir autre chose qu'une croyance satisfaisant aux exigences du « bien croire » : vraie (norme épistémique objective) et non subie, mais choisie en connaissance de cause (norme subjective). On peut toujours souhaiter que ce qu'on croit rende l'action plus efficace, voire moralement meilleure. Mais ces effets ne concernent plus la croyance en tant que telle. On peut les attendre de bien d'autres dispositions : santé et aptitudes du corps, sérénité d'âme, attention, courage et même indifférence.

Ce que je ne peux savoir, je dois donc le croire. Mais si le savoir est, comme on l'a dit, *l'autre* du croire, parce qu'il est ce dont *manque* toute créance qui n'en relève pas, il constitue par cela même une norme ou un idéal pour la croyance. Norme de vérité : nul ne peut vouloir croire le faux. Norme de réflexivité : nul ne peut vouloir croire sous le régime de l'aveuglement quant aux causes déterminant l'adoption de sa croyance. Mais ici s'introduit une différence : que la croyance soit spontanée, non réfléchie, ou au contraire méditée et mûrement pesée dans un examen des données disponibles, dans tous les cas, l'esprit qui l'adopte conserve la visée de la vérité comme idéal normatif. Le fanatique endoctriné tient encore à ce que ce qu'il croit soit vrai. En revanche, il n'a que faire de l'exigence de réflexivité. Non qu'il professe quelque mépris conscient à l'endroit de la réflexion ou de l'examen critique, mais il n'en forme même pas l'idée. Le cynisme du nazi, qui assume en pleine conscience le dédain explicite de l'esprit critique et de l'argumentation rationnelle, au bénéfice de l'instinct de la race et de l'obéissance au chef, demeure une exception.

C'est dans cette direction : le degré de conscience réflexive, qu'il faudra chercher pour établir les distinctions et les frontières constituant une cartographie du domaine de la croyance. Et à cette fin revenir vers Kant, grand classificateur s'il en fut, pour suivre les analyses proposées dans « Le canon de la raison pure »[1].

Mais avant cela, la nécessité de situer les différents niveaux de la croyance par rapport à la norme de vérité (comme on vient de le faire à propos du savoir) interdit de différer plus longtemps la détermination précise du contenu de cette notion.

---

1. Le terme de « Canon » vient du grec *kanon*, qui signifie règle, type, modèle ou principe. Kant en donne la définition suivante : « ensemble des principes *a priori* du légitime usage de certains pouvoirs de connaître en général » (*Critique de la raison pure*, « Théorie transcendantale de la méthode », chap. 2, *op. cit.*, p. 1359).

CONNAISSANCE ET VÉRITÉ

On ne comprend rien à l'idée de vérité si l'on veut y voir autre chose qu'une *propriété*, comme l'indique la terminaison en « -té » (du latin « - *tas* »). Elle appartient à une proposition, comme la parité appartient objectivement comme propriété au nombre 16 et la primarité au nombre 17, l'élasticité à un matériau, la santé à un organisme. Une proposition (sujet) est vraie (attribut, ou prédicat), comme 16 est pair, comme le Parthénon est grec, etc. Cette propriété « consiste dans l'accord de la connaissance avec l'objet »[1]. Définition classique, et on ne peut plus conforme à notre notion la plus ordinaire. L'objet avec lequel la proposition vraie s'accorde, c'est ce que nous appelons le *réel*. Même s'il existe dans la philosophie (et dans la langue commune) un usage qui les confond[2], il est préférable de distinguer la vérité de la réalité, c'est-à-dire le niveau de ce qu'on pense ou dit du niveau de ce sur quoi portent pensées et discours : ce qui est.

---

1. Kant, *Logique*, Introduction, VII, *op. cit.*, p. 54. On trouvait cette définition chez Descartes (Lettre à Mersenne du 16 octobre 1639) : « conformité de la pensée avec l'objet. » et chez Spinoza (*Pensées métaphysiques*, I, VI) : « on appelle idée vraie celle qui montre une chose comme elle est en elle-même ; fausse celle qui montre une chose autrement qu'elle n'est en réalité. ». On la retrouve chez les pragmatistes, qui ont pourtant une théorie bien différente de la vérité.

2. Augustin écrit dans les *Soliloques* (II, V, 8, dans *Dialogues philosophiques*, « Bibliothèque de la Pléiade », Paris, Gallimard, 1998, p. 222) : « toutes les choses sont vraies ». C'est employer *vérité* comme un *transcendantal*, c'est-à-dire pour parler du réel lui-même. On dit communément « un amour vrai », « un faux diamant ». Kant pense avec Thomas d'Aquin (*De veritate*, qu. 1, art. IV, § 8) que « la vérité n'est dans les choses qu'en un sens impropre et dérivé », et qu'elle caractérise non la réalité, mais le discours qu'on tient sur elle.

Si la vérité est « *propriété objective* de la connaissance », comme dit Kant[1], c'est que la vérité est *autre chose* que la connaissance que nous en avons. Nous confondons souvent vérité et connaissance, parce que comme on l'a vu, la première appartient à la seconde au titre de propriété constitutive de son *essence* (« connaissance fausse » est une contradiction dans les termes). Mais cette confusion est fatale à la compréhension de l'idée de vérité. En effet, la connaissance est chose humaine, inscrite dans une histoire, donc relative aux conditions particulières dans lesquelles des esprits marqués par leur époque et leur culture, donc enfermés dans certaines limites, l'acquièrent, la perfectionnent mais peuvent aussi la perdre. Cette particularité et cette contingence de la connaissance n'affectent pas la vérité, universelle en droit, même quand elle n'est pas unanimement reconnue. Si la connaissance est relative, la vérité est absolue, parce que la vérité d'une idée ou d'un énoncé ne dépend pas :

1) de celui qui l'exprime (on l'oublie souvent dans les débats politiques).

2) du fait que nous la connaissions ou non, que nous y pensions ou non. « Une proposition ne cesse pas plus d'être vraie quand je n'y pense pas, écrit Frege, que le Soleil n'est anéanti quand je ferme les yeux »[2].

3) des voies par lesquelles on en a acquis la connaissance ; il n'y a pas, à proprement parler, de « vérité scientifique », mais une voie scientifique d'accès à la connaissance de certaines vérités. Bien des vérités ne sont connues que par-là, mais à d'autres, on accède par des voies différentes : l'expérience commune, l'art, la littérature.

1. Kant, *Logique*, Introduction, IX, *op. cit.*, p. 73.
2. Gottlob Frege (1848 – 1825), *Les Fondements de l'arithmétique*, trad. fr. C. Imbert, Paris, Seuil, 1969, p. 119.

4) du niveau de certitude que nous avons à son sujet. « L'idée de vérité est donc absolutiste », écrit Karl Popper[1], qui s'empresse toutefois d'ajouter : « mais on ne peut revendiquer une *certitude* absolue ».

Quelques exemples font voir ce qui sépare la vérité de la connaissance. Un nombre est dit parfait s'il est égal à la somme de tous ses diviseurs. On connaît beaucoup de nombres parfaits pairs : $6\,(1+2+3)$, $28\,(1+2+4+7+14)$, 496, 8128, 33 550 336. Existe-t-il des nombres parfaits impairs ? À l'heure où j'écris ces lignes, personne n'en sait rien. On n'a jamais démontré qu'il n'en existait pas, mais la puissance des ordinateurs n'a jamais permis d'en trouver un seul dans l'ensemble des entiers naturels. Personne n'a la connaissance de la vérité ou de la fausseté de l'affirmation qu'il en existe un. Il est possible que nous ne le sachions jamais. Cela n'empêche pas cette affirmation d'être *déjà* nécessairement vraie ou fausse.

Soit l'affirmation : « Il existe, dans notre galaxie, au moins une autre planète que la Terre habitée par des êtres vivants doués de conscience et de pensée intelligente ». Nous pouvons estimer la probabilité de vérité d'une telle proposition, mais nous n'avons pour le moment aucune idée de sa vérité ou de sa fausseté ; toutefois, nous pouvons être certains qu'elle aussi est *déjà* vraie ou fausse.

« Je serai encore en vie dans un an ». Le statut des affirmations portant sur l'avenir est âprement discuté par les philosophes, mais on voit mal comment cette affirmation pourrait échapper, et dès aujourd'hui, à la date où je l'écris, à l'alternative vrai / faux. Il faut bien qu'elle soit l'un ou l'autre, même s'il n'est au pouvoir de personne de le savoir.

---

1. *La Connaissance objective*, II, 6 : « Remarques sur la vérité ». Bruxelles, Complexe, 1978, p. 57.

Que résulte-t-il de tout cela ?

Du côté de la croyance : nous savons déjà que même lorsqu'elle ne prétend qu'à une certaine probabilité de vérité, ou qu'elle se sait n'en posséder qu'une partie, cette possession demeure sa visée. Rien ne mérite d'être « tenu pour vrai » sinon le vrai. La vérité est donc l'idéal normatif de la croyance. Du moins en première personne, c'est-à-dire au point de vue de celui qui la forme. Car à celui qui étudie du dehors les croyances et les évalue aux critères de la psychologie, de la sociologie ou de l'histoire, il est loisible de juger que la vérité n'est aucunement la norme la plus pertinente et qu'elle est même pour l'essentiel indifférente. Le bonheur des individus et la stabilité des organisations sociales se satisfont de bien des erreurs, voire seraient tout à fait impossibles si, aux profondes illusions qui les soutiennent, nous préférions la quête inlassable de la vérité. Qu'on pense seulement à l'amour : l'amant(e) veut croire vraie l'idée qu'il ou elle se fait de l'incomparable valeur de l'aimé(e) ; mais qu'adviendrait-il de sa passion si cette comparaison devait se plier à l'impératif de vérité ? Toute une pensée de l'usage politique des croyances religieuses s'est développée sur ce thème. Tout en raillant ces rois « qui ne font mention de Dieu même que parce qu'il est au ciel »[1], Rousseau écrit que « la religion est utile et même nécessaire aux peuples »[2] et que « jamais État ne fut fondé que la religion ne lui servît de base »[3]. Toutefois, bien qu'il ait lu Machiavel, l'auteur du *Contrat social* ne retient pas l'idée d'une exploitation cynique des croyances religieuses ;

1. Rousseau, « *Extrait du Projet de paix perpétuelle de Monsieur l'Abbé de Saint-Pierre* », dans *Œuvres Complètes*, t. III, « Bibliothèque de la Pléiade », Paris, Gallimard, 1963, p. 593.
2. Rousseau, *Lettres écrites de la montagne*, 1, *op. cit.*, p. 695.
3. Rousseau, *Du contrat social*, IV, 8, *op. cit.*, p. 464.

il n'écrirait pas que « tout ce qui tend à favoriser la religion doit être bienvenu, quand même on en reconnaîtrait la fausseté »[1]. L'usage politique du religieux ne débouche chez Rousseau que sur une religion civile, non théologique.

Du côté de la vérité : son caractère absolu la met à l'abri des modalités fort diverses selon lesquelles nous sommes capables de nous l'approprier par la connaissance ou de l'approcher sous les innombrables variations, tant de nature que de degré, de nos croyances, opinions, appréciations, fois ou jugements. L'échelle des « degrés du croire » selon Alain ne hiérarchise pas des niveaux de vérité. De ce qui est prouvé par l'expérience, *a fortiori* de ce qui est démontré sur le mode strictement déductif des sciences formelles, il est permis de dire que nous le savons. Mais aucune preuve ni démonstration ne *fait* la vérité de quelque idée, thèse ou théorie que ce soit. Et la vérité ou la fausseté de ce que nous croyons, faute de le savoir, ne doit rien à la force avec laquelle nous y adhérons, ni à la manière dont cette conviction a été acquise.

PRINCIPES D'UNE TYPOLOGIE
DES MODALITÉS DU CROIRE

Il est maintenant possible de pénétrer plus avant le territoire de la croyance afin d'y tracer des frontières pertinentes, avec l'assurance que le visage de la vérité n'en subira aucune altération. Nous le ferons en suivant Kant, ce qui n'implique aucune allégeance à l'idéalisme critique, mais seulement la reconnaissance de ce fait : la classification

---

1. Machiavel, *Discours sur la première décade de Tite-Live*, I, 12, *Œuvres Complètes*, « Bibliothèque de la Pléiade », Paris, Gallimard, 1952, p. 415.

et les définitions de celui qui fut à la fois un grand philosophe et un grand professeur (l'un pouvant aller sans l'autre) s'avèrent, à les faire travailler, d'une singulière fécondité.

Dans la typologie kantienne, le savoir ne donne lieu à aucune distinction. Il y a souvent plus d'un chemin pour y parvenir, mais la logique de sa possession est binaire : ce qu'on sait, on le sait ; le reste, on l'ignore. Cela vaut, aux yeux de Kant, dans la science, « tout comme en métaphysique et en morale : *ou bien on sait, ou bien on ne sait pas* »[1]. Et s'il s'avérait que demain soit remis en cause ce qu'on sait aujourd'hui, il faudrait alors dire que nous ne le savions pas, mais que nous avions *cru* le savoir. Les distinctions qu'introduit Kant sous le chapitre du savoir dans l'Introduction à son cours de *Logique* ressortissent aux sources où puise l'esprit humain pour l'acquérir : expérience et raison ; ou bien au caractère direct ou indirect des voies qui y conduisent. Mais la nature même du savoir ne souffre aucune division en espèces.

En revanche, dès qu'il ne relève plus du savoir, le « tenir pour vrai » kantien (*Fürwahrhalten*), se décline en une pluralité d'espèces, et le philosophe doit articuler plusieurs notions communément répertoriées comme constituant le territoire de la « croyance » : opinion, appréciation, persuasion, conviction, confiance, foi, etc. Il se heurte dans cette tâche à plusieurs difficultés. On a noté plus haut la polysémie de ces termes (*cf.* « Questions de vocabulaire »). On va la voir ici se complexifier. Par exemple *opinion* traduit d'abord ce que Kant appelle *Meinung* et qui correspond à l'idée axiologiquement neutre d'*avis* ou d'*appréciation* conjecturale affectée d'un certain coefficient de probabilité. Mais *opinion* renvoie aussi pour les

----

1. Kant, *Logique*, Introduction, IX, *op. cit.*, p. 75. On va voir tout de suite ce qu'il faut penser de cette exigence.

philosophes à cette *doxa* que depuis Platon ils font profession de traquer, c'est-à-dire à une acception nettement péjorative. De même, au vocable « foi » – nettement valorisé – est attachée aussi bien l'idée d'adhésion à un contenu doctrinal (religieux, mais aussi politique) que celle de la confiance que nous plaçons en une personne ; les deux pouvant converger : la profession de foi du *credo* implique une confiance en Dieu le Père, l'adhésion au communisme a pu se traduire en une foi quasi-mystique en la personne de Staline, « petit père des peuples ».

L'exploration de ce vaste domaine doit se faire dans l'esprit qui a présidé depuis le début à sa définition, c'est-à-dire en mesurant la distance qui sépare les formes diverses de la croyance de ce qui reste l'idéal dans l'ordre épistémique : le savoir. Cette distance n'est toutefois pas telle qu'elle rende impossible tout passage des premières à ce dernier. Il y a dans la croyance des potentialités de connaissance qu'il convient de repérer et d'évaluer.

Qui veut y voir clair n'a d'autre ressource que d'explorer la richesse que met à sa disposition sa propre langue, d'en préciser les oppositions et les nuances, en les éclairant à l'aide des ressources que procurent les idiomes étrangers[1]. Cette recherche obéira à la progression suivante.

La signification française du mot *opinion* se déclinant selon les deux acceptions de la *Meinung* kantienne et de la *doxa* platonicienne, voilà les deux moments initiaux de notre investigation. Le premier envisagera l'opinion comme *jugement* affecté d'un certain coefficient de *probabilité*. Il offrira l'occasion d'évoquer avec Hume, à propos des

---

1. Le *Vocabulaire européen des philosophies*, sous la direction de Barbara Cassin (Paris, Seuil-Le Robert, 2004) constitue pour cela un instrument indispensable. On consultera les articles *Belief, Doxa, Glaube, Croyance*, et d'autres, en suivant les renvois.

miracles, la question des mobiles déterminant le jugement (notamment dans son rapport au *témoignage*) et des mécanismes mentaux de sa constitution. À la *doxa* seront rattachés les *préjugés*, *stéréotypes*, *idées reçues*, ainsi que l'*idéologie*, qui donnera lieu à une brève approche de l'*illusion*. Le chapitre sur la *foi* précisera la distinction avec la *confiance* et réservera une place importante à l'analyse de cette attitude dans le contexte des religions révélées, sans exclure les dimensions plus proprement humaines de cette modalité du croire, dans le rapport *pratique* à nos propres entreprises et nos relations à *autrui*, spécialement dans l'*amour*.

CHAPITRE II

L'OPINION (1) : UN JUGEMENT EN SITUATION D'INCERTITUDE

NATURE DE L'OPINION

Meinung désigne pour Kant une « connaissance incertaine, *en tant qu'elle est tenue pour incertaine* ». Dans les termes plus techniques déjà utilisés à propos du savoir, cela se dit : un « assentiment fondé sur une connaissance qui n'est suffisante ni subjectivement ni objectivement »[1].

« Insuffisance objective » ne signifie pas que l'opinion est fausse, mais qu'elle n'est pas accompagnée des garanties requises pour qu'il soit permis d'en revendiquer l'universalisation. Le diagnostic provisoire du médecin peut être parfaitement vrai, il n'en reste pas moins opinion, tant qu'il n'a pas été confirmé par des analyses biologiques ou les données de l'imagerie. Est objectivement suffisante une croyance à l'appui de laquelle je peux présenter des *raisons suffisantes*. Il est possible que l'autre ne se rende pas à ces raisons. Mais il faut que ces raisons soient susceptibles d'entraîner son adhésion. Non parce que je les aurais choisies telles qu'il y soit, lui, sensible : ce serait alors persuasion (*überredung*), croyance qui « a uniquement son fondement dans la nature particulière du sujet ». Mais

1. Kant, *Logique*, Introduction, IX, *op. cit.*, p. 74.

parce que ces raisons valent universellement, pour tout esprit, et fondent ce qui s'appelle une *conviction* (*überzeugung*), créance « valable pour tout un chacun, pour peu qu'il ait seulement de la raison »[1].

Que cette opinion soit « insuffisante subjectivement », signifie que le sujet qui la fait sienne possède en même temps la conscience claire de cette insuffisance objective. Je ne suis pas en mesure de prouver ce que je crois, mais je le sais. Cette double insuffisance ne doit pas me conduire à abandonner mon opinion, mais à assortir ma croyance d'une clause d'incertitude. Me plaçant à distance de mes représentations, j'en affirme le caractère seulement plausible.

Kant réserve l'opinion au domaine empirique : on peut avoir une opinion à propos d'un objet de cette sorte, mais pas, selon lui, en mathématique ou en métaphysique. Ni en morale, où l'« on doit être *tout à fait certain* si une chose est légitime ou non ». C'est ignorer qu'il y a des conjectures purement rationnelles, par exemple mathématiques. Certains résultats partiels fournissent de bonnes raisons de croire vraie la conjecture de Goldbach : tout entier pair est égal à la somme de deux nombres premiers. Mais nous n'en avons pas la démonstration. La célèbre conjecture de Fermat, qui affirmait qu'il n'existe pas de triplet d'entiers x, y, z tel que $x^n + y^n = z^n$ si n est strictement supérieur à 2, n'est un théorème démontré (par Andrew Wiles) que depuis 1985.

Pour ce qui concerne la morale, Kant érige la pureté de l'intention en critère exclusif de l'évaluation : la volonté de l'agent ne doit avoir égard qu'à la loi morale, à l'exclusion de tout mobile sensible ; par exemple un but que l'agent

---

1. Kant, « De l'opinion, du savoir et de la foi », *op. cit.*, p. 1376.

chercherait à réaliser dans le monde. Mais Kant lui-même soutient, au début de la 2ᵉ section de la *Fondation de la Métaphysique des mœurs*, qu'« on ne peut jamais, même par l'examen le plus rigoureux, pénétrer entièrement jusqu'aux mobiles secrets » des actions humaines ; privé de cette connaissance, le sujet moral kantien est donc hors d'état de savoir avec certitude si son action est « légitime ou non ». Il ne peut que croire à la moralité de son action. Par ailleurs, si nous retenons toujours le critère de l'intention dans l'évaluation éthique, nous ne prenons pas seulement en compte sa pureté, mais presque toujours aussi les effets que l'agent a visés[1]. Or, cette visée est nécessairement affectée d'un coefficient d'incertitude, imputable à la limitation des facultés de l'agent autant qu'à la complexité du monde, partant son imprévisibilité.

Quant à la métaphysique, on a depuis longtemps renoncé à s'y élever au-dessus du probable. Il faut arrêter de se raconter des histoires : en philosophie, il n'y a probablement, au sens kantien du mot, que des opinions. Et Kant ne chasse l'opinion de la métaphysique que parce qu'il entend en un sens particulier et plus modeste que la plupart des métaphysiciens le projet de cette discipline. Mais même ramenée à ce contenu moins ambitieux, il est douteux que l'entreprise kantienne puisse se prévaloir de la certitude mathématique, ni même en approcher !

---

1. C'est une erreur de définir la conception conséquentialiste en morale (éthique de la responsabilité) par la considération des seuls effets résultant de l'action, tandis que la conception déontologique (éthique de la conviction) ne regarderait qu'aux intentions. Dans tous les cas, l'intention demeure le critère exclusif. La différence réside dans les parts respectives que cette intention doit réserver aux conséquences prévisibles de l'action envisagée, et à des principes qui s'imposent absolument.

La *Meinung* kantienne, c'est l'opinion de celui qui dit « À mon avis... », « Je présume *que...* ». Supposition, conjecture, présomption, suspicion. Je crois... que l'orage arrive, que mon candidat favori a de bonnes chances d'être élu, que je n'aurai pas assez de farine pour faire mon gâteau. Kant souligne la fonction « provisionnelle » de l'opinion, qu'on adopte en attendant mieux : savoir.

Il n'y a rien à redire au fait de former des opinions, d'en changer, d'en abandonner, voire d'en reprendre qu'on avait un moment quittées. Quelle vie serait possible autrement ? À cette condition, notée par Kant, que ces opinions soient, précisément, *formées*, et non simplement reçues. C'est-à-dire que le sujet en ait l'initiative, les choisisse en connaissance de cause et exerce sur elles un certain degré de vigilance. Car « je ne suis jamais autorisé à former une *opinion*, sans avoir du moins quelque *savoir* au moyen duquel le jugement, simplement problématique en soi, se trouve rattaché à la vérité par un lien qui, bien qu'il soit incomplet, est cependant quelque chose de plus qu'une fiction arbitraire ». Que le « lien » qui relie mon opinion à la vérité soit « incomplet », c'est ce que signifie l'« insuffisance objective » de ma créance et en fait une opinion. Mais Kant ajoute que « la loi de cette liaison doit en outre être certaine », c'est-à-dire dépendre d'un *savoir*. « En effet, si je n'ai aussi, par rapport à cette loi, rien qu'une simple opinion, tout alors n'est plus qu'un jeu de l'imagination, sans le moindre rapport à la vérité »[1].

Le savoir occupe ainsi, par rapport à l'opinion, une position double. Il se trouve *au-delà*, comme une sorte de norme ou d'idéal de vérité à atteindre. Par exemple, j'ai

---

1. Kant, *Critique de la raison pure*, « Le canon de la raison pure », 3e section, *op. cit.*, p. 1378.

formé une certaine opinion au sujet de telle réforme sociale que prépare le gouvernement. Mais je ne suis pas spécialiste du domaine (santé, emploi, éducation…) que concerne cette réforme. J'ai écouté les uns et les autres, et j'ai fait certains choix : voter oui ou non à un référendum, manifester dans la rue ou pas, etc. Mais je n'exclus pas de faire évoluer mon opinion, voire d'en changer complètement, pour embrasser une opinion plus vraie au sujet de la réforme projetée. Ce que je ferai si des données dont je ne disposais pas viennent à ma *connaissance*, si je prends conscience d'en *savoir* davantage quant à la nature, aux objectifs ou aux effets prévisibles de cette réforme. Il doit donc y avoir, *en deçà* de l'opinion que je forme sur un sujet, et pour étayer cette opinion, un savoir de base qui l'enracine dans la vérité et l'y rattache par une « liaison » dont « la loi doit être certaine ». Ce qui veut dire que je dois, quant à l'objet sur lequel porte mon opinion, savoir certaines choses sans l'appui desquelles mon opinion ne vaut rien. Et que je dois en outre être en mesure de rendre compte rationnellement, avec certitude, de la façon dont ce savoir de base intervient comme justification de mon opinion.

Il est remarquable que ce concept kantien de l'opinion soit au fondement de la théorie de l'Instruction publique telle que l'a conçue et mise en forme Condorcet. Nul ne possède la totalité des savoirs idéalement requis pour exercer pleinement ses prérogatives d'homme et de citoyen. Nul par conséquent n'échappe à la nécessité de croire des vérités dont il n'a même pas la compréhension, de se fier à des voix qui font autorité, de faire confiance à des spécialistes. Qui sait assez de biologie pour croire autrement que sur parole ce que lui dira un spécialiste à propos des OGM ou de l'homéopathie ? Il y a donc des savoirs qu'on pourrait dire stratégiques, indispensables pour armer les esprits comme ils doivent l'être face à ceux qui en savent plus :

> Celui qui ne sait pas écrire, et qui ignore l'arithmétique, dépend réellement de l'homme plus instruit, auquel il est sans cesse obligé de recourir. Il n'est pas l'égal de ceux à qui l'éducation a donné ces connaissances ; il ne peut pas exercer les mêmes droits avec la même étendue et la même indépendance. Celui qui n'est pas instruit des premières lois qui règlent le droit de propriété ne jouit pas de ce droit de la même manière que celui qui les connaît ; dans les discussions qui s'élèvent entre eux, ils ne combattent point à armes égales.
>
> Mais l'homme qui sait les règles de l'arithmétique nécessaires dans l'usage de la vie n'est pas dans la dépendance du savant qui possède au plus haut degré le génie des sciences mathématiques, et dont le talent lui sera d'une utilité très réelle, sans jamais pouvoir le gêner dans la jouissance de ses droits. L'homme qui a été instruit des éléments de la loi civile n'est pas dans la dépendance du jurisconsulte le plus éclairé, dont les connaissances ne peuvent que l'aider et non l'asservir[1].

C'est le rôle de l'École de dispenser ces savoirs « stratégiques ». On voit ici en passant la faiblesse d'une conception de l'École, trop répandue aujourd'hui, selon laquelle il conviendrait de limiter la part réservée aux *connaissances* au profit d'une formation de l'*esprit critique*. Comme si l'on pouvait, pour résister aux fausses croyances, préjugés, supercheries intellectuelles, « *fake news* » et autres théories complotistes, s'en tenir à une critique interne, en se contentant de démonter leurs sophismes et

---

1. Nicolas Condorcet, *Cinq mémoires sur l'Instruction publique* (1791), 1er Mémoire : « Nature et objet de l'Instruction Publique ». Paris, Garnier-Flammarion, 1994.

leurs procédés de falsification. Cette étape est indispensable, mais ne peut rien sans l'appui d'une instruction scientifique solide. L'esprit critique n'est pas une faculté en soi, qu'on puisse développer et exercer pour elle-même, et pour ainsi dire à vide[1]. Il est l'esprit même, en tant que celui-ci a reçu un contenu consistant et structuré de connaissances. L'affaiblissement continu des savoirs disciplinaires dans les réformes successives qu'a subies et que continue de subir l'Éducation nationale depuis quelques décennies en dit long sur la réalité de l'« esprit critique » qu'on prétend former chez les élèves. Aucun « esprit critique » ne tient devant les préjugés racistes, sexistes ou homophobes, s'il n'est fondé d'abord sur des connaissances en sciences biologiques, en histoire et, pourquoi pas, en philosophie.

OPINION ET PROBABILITÉ

En abordant l'article *Probabilité* de l'*Encyclopédie* de Diderot et d'Alembert[2], on s'attend à un exposé des résultats récemment obtenus, depuis Pascal, Fermat, Huygens, Bernoulli, Moivre, dans cette jeune branche des mathématiques : le « calcul des chances ». On trouve en fait une doctrine des raisons de croire, et cela est conforme à l'usage. Qui fait état d'une opinion au sens de la *Meinung* kantienne l'exprimera souvent en termes de probabilité : le candidat à l'examen croit à son succès à proportion du pourcentage de chances qu'il se donne de réussir. Si le monde ne comportait aucun aspect d'aléatoire et si les lois de son

---

1. Pas plus par exemple que la mémoire : on ne retient bien que ce qu'on a compris sur le mode intellectuel ; ou l'imagination, que doit nourrir toute une culture (littéraire, artistique, historique et même scientifique).
2. Quoique non signé, l'article a de bonnes chances d'être de Diderot.

fonctionnement nous étaient connues comme celles du mouvement des planètes, notre conduite serait dictée par un savoir. Mais quand je dois me rendre à un rendez-vous à l'autre bout de la ville, la durée de mon trajet ne peut être connue comme celle d'une révolution complète de Saturne autour du Soleil. Si je juge les embouteillages plus probables qu'un incident sur ma ligne de métro, je croirai judicieux de prendre le métro plutôt que le bus ou ma voiture. Mais la probabilité de l'incident n'étant pas nulle, mon jugement sur l'heure à laquelle il faut mettre le réveil intègrera une marge de sécurité. Des organismes spécialisés et des institutions officielles fournissent sur divers sujets des probabilités permettant à chacun de former l'opinion à partir de laquelle il prendra telle décision relative à la conduite de sa vie. Un alpiniste n'entreprend pas une grande ascension sans croire que les conditions météorologiques lui permettront de la mener à bien. En consultant les prévisions, il tiendra compte de l'« indice de confiance », qui mesure la probabilité pour les prévisionnistes que le temps qu'il fera soit conforme à ce qu'ils annoncent.

Que la notion de probabilité renvoie à une doctrine de la croyance est aussi en accord avec l'histoire du mot, qui dénote jusqu'à l'aube des Lumières l'idée d'autorité : une opinion a d'autant plus de chances d'être vraie qu'elle émane d'une source digne de confiance. Cette signification : une véracité éprouvée, est mentionnée par Locke au début du chapitre XV (« De la probabilité ») du livre IV de son *Essai sur l'entendement humain*.

Mais la correspondance la plus nette entre la théorie des motifs de croire et la science des probabilités réside dans l'histoire de cette spécialité mathématique, née du désir d'affronter rationnellement des situations d'incertitude. Le XVIIe siècle réfléchit sur l'opportunité de miser dans une loterie, de spéculer sur le cours d'une marchandise ou de condamner un suspect. Le pari de Pascal reste l'illustration la plus célèbre du contexte où le calcul des chances a pris naissance[1] : une époque où les controverses religieuses nées de la Réforme et le renouveau du scepticisme (Montaigne puis les libertins) font pâlir l'idéal épistémique d'un savoir certain, au bénéfice d'un objectif plus modeste : disposer d'une doctrine de la connaissance imparfaite, propre à fonder une pratique raisonnée des affaires humaines. Au modèle démonstratif de la science se substitue une réflexion sur la probabilité, que les impératifs de l'action rendent nécessaire et que sa rigueur rationnelle interdit de considérer comme une connaissance au rabais. Avant que le concept proprement mathématique de probabilité n'émerge, au début du XVIIIe siècle, on parle d'*espérance*, c'est-à-dire de consentement à un risque : perdre une somme d'argent (dans une spéculation ou un jeu), rester handicapé à la suite d'une opération chirurgicale, voire mourir, en vue d'un gain substantiel : un bénéfice financier, recouvrer la santé voire sauver sa vie. On croit que « le jeu vaut la chandelle », et qu'un « tiens » ne vaut pas forcément mieux que deux « tu l'auras ». Un calcul met en balance 1) l'enjeu, c'est-à-dire les valeurs respectives de ce qu'on craint de perdre et de ce qu'on espère gagner et 2) les chances de succès ou d'échec de l'entreprise. La prise en compte de ces paramètres permet de graduer l'échelle du crédible (au point de vue théorique), donc du raisonnable (au regard de la pratique). Avouons cependant que nous disposons rarement, pour effectuer cette pesée,

---

1. Pascal, *Pensées*, LG 397 ; Br 233 ; L 418. Rappelons que le pari pascalien vise à convaincre de la nécessité d'avoir la foi, non à la faire naître, ce à quoi un simple raisonnement ne suffit pas. Il y faut autre chose. On verra plus loin quoi.

d'instruments rigoureux. Il ne s'agissait, pour cette science naissante, que de procurer un cadre rationnel précis – donc quantifié – aux intuitions, naturelles mais vagues, qui avaient toujours fondé les opinions des hommes sur ce qu'il convient de faire. Ce que fait Pascal avec le fameux pari : il faut renoncer, peut-être sans contrepartie (si Dieu n'est pas), à la « gloire » et aux « délices »[1] d'ici-bas, pour l'espérance d'un infini de félicité (si Dieu est). L'impératif : « il faut parier » n'est pas de pure forme. « Cela n'est pas volontaire » : entendez que vous n'avez pas le choix, parce que « vous êtes embarqué » dans une vie pour laquelle l'existence de Dieu et la vie éternelle sont ce que William James appellera des hypothèses a) *vivantes*, c'est-à-dire qu'il est impossible de ne pas prendre au sérieux (l'existence de Zeus est devenue pour nous une hypothèse morte) ; b) *obligées* : il faut se prononcer à leur sujet, puisqu'elles déterminent un choix de vie (l'existence d'intelligences extra-terrestres n'est pas pour le moment de ce type) ; et c) *importantes*, parce que refuser de les examiner et de prendre position quand il en est encore temps fait courir le risque d'une perte extrême. Réunies, ces trois conditions font une « option véritable »[2].

Au sens mathématique, une probabilité est un nombre compris entre zéro et un, qui mesure le degré auquel il faut s'attendre à ce qu'un événement se produise. Le zéro mesure l'impossibilité, le un la certitude. Une probabilité de 0,75 signifie que l'événement a 3 chances sur 4 de se produire.

---

1. Pascal, *Pensées*, LG 397 ; Br 233 ; L 418.
2. W. James, *La volonté de croire*, I, trad. fr. B. Gaultier, sous le titre (mal choisi !) : *L'immoralité de la croyance religieuse*, Marseille, Agone, 2018. Voir plus loin, notre dernier chapitre : « La croyance entre intellect et affectivité : La controverse Clifford-James ».

Le concept de probabilité ainsi que les interprétations auxquelles il a donné lieu ont une longue histoire, riche en problèmes épistémologiques et philosophiques délicats. Il importe, pour notre sujet, de distinguer deux aspects sous lesquels peut être envisagée la probabilité : *objectif* et *subjectif*, qui concernent, comme le montre Cournot, « deux ordres de questions bien distinctes »[1]. Les confondre empêche de saisir le sens de la notion.

Relèvent d'abord de la probabilité « des questions de *possibilité*, qui ont une valeur tout objective », en ce qu'elles concernent les états du monde. Si l'on jette deux dés supposés parfaits (non truqués et sans défaut, parfaitement réguliers), la probabilité d'obtenir un double six est de 1/36 ; elle est deux fois supérieure (1/18) pour la combinaison deux et as. Ce type d'estimation donne lieu à une connaissance de nature scientifique, démontrable et tout à fait exacte, puis vérifiable empiriquement : en jetant un grand nombre de fois les dés, je constaterai que le double six sort effectivement dans la proportion d'une fois pour 36 essais, deux et as une fois sur 18 en moyenne. Cela ne veut pas dire que cette connaissance soit toujours facile à obtenir. Dès que les données se compliquent un peu, le calcul mathématique des probabilités devient au contraire fort subtil et semé d'embûches. L'intuition y est facilement trompée par de fausses évidences. Dans le monde réel, même s'ils ne sont pas pipés, les dés ne sont jamais parfaits :

1. Antoine-Augustin Cournot (1801-1877) : mathématicien, physicien, mais aussi juriste, économiste et philosophe trop peu lu. Il assuma une brillante carrière scientifique, en même temps que des responsabilités dans la haute administration (recteur) et une œuvre philosophique. L'analyse de la probabilité se trouve aux chapitres III à VI de l'*Essai sur les fondements de la connaissance et sur les caractères de la critique philosophique* (1851). La distinction des côtés objectif et subjectif fait l'objet du § 37 du IIIe chapitre.

la probabilité effective ne peut que s'approcher de la probabilité idéale. La probabilité d'un événement réel se produisant dans le monde : la grêle, une panne, un décès, une catastrophe, ne peut jamais être exactement calculée parce qu'elle dépend d'une infinité de paramètres, toujours susceptibles de varier. Elle n'en reste pas moins une information objective parce que fondée sur des données statistiques exploitées par des experts, et susceptible de justifier une opinion raisonnée sur les chances de succès d'une entreprise humaine. Le skieur qui s'aventure hors des pistes sait que le risque zéro n'existe pas, mais il peut compter sur une estimation objective de la probabilité d'avalanche sur le secteur.

Mais « si nous entendons par probabilité d'un événement le rapport entre le nombre de combinaisons qui lui sont favorables et le nombre total des combinaisons que l'imperfection de nos connaissances nous fait ranger sur la même ligne, cette probabilité cessera d'exprimer un rapport subsistant objectivement et réellement dans les choses ; elle prendra un caractère purement subjectif, et sera susceptible de varier d'un individu à un autre selon le degré de ses connaissances »[1]. C'est à cette notion de probabilité subjective que correspond la définition ouvrant l'article *Probabilité* de l'*Encyclopédie* de Diderot et d'Alembert[2] :

> Toute proposition considérée en elle-même est vraie ou fausse ; mais relativement à nous, elle peut être certaine ou incertaine ; nous pouvons apercevoir plus ou moins

---

1. Cournot, *Essai sur les fondements...*, Paris, Vrin, 1975, p. 43.

2. Cette définition est présentée comme générale, mais l'article mentionne plus loin « les probabilités tirées de la considération de la nature même », par exemple pour le tirage d'un billet dans une urne contenant des nombres déterminés de billets de différentes couleurs.

les relations qui peuvent être entre deux idées, ou la convenance de l'une avec l'autre, fondée sous certaines conditions qui les lient, et qui lorsqu'elles nous sont toutes connues, nous donnent la certitude de cette vérité, ou de cette proposition ; mais si nous n'en connaissons qu'une partie, nous n'avons alors qu'une simple probabilité, qui a d'autant plus de vraisemblance que nous sommes assurés d'un plus grand nombre de ces conditions. Ce sont elles qui forment les degrés de probabilité, dont une juste estime et une exacte mesure feraient le comble de la sagacité et de la prudence.

Cournot souligne que cette probabilité, quoique subjective, c'est-à-dire se rapportant à l'état d'un esprit, conservera « cette valeur pratique d'offrir une règle de conduite propre à nous déterminer (en l'absence de toute autre raison déterminante), dans des cas où il faut nécessairement prendre un parti ».

La question des miracles et la valeur des témoignages

Les trois principes de la croyance

Longtemps ignorée, cette distinction des significations subjective et objective de la probabilité a permis de penser le rapport qu'entretiennent ces deux aspects. On doit à la psychologie empiriste du XVIIIe siècle (principalement britannique : Locke, Hartley, Hume) la première théorie de ce rapport, qui peut se ramener à deux principes, dont voici le premier : *la probabilité subjective de la croyance est en raison directe de la probabilité objective, déductible de la fréquence statistique des occurrences rencontrées dans l'expérience.* « Par exemple, écrit Locke, si je vois moi-même un homme marcher sur la glace, c'est plus que *probabilité*, c'est connaissance ; mais si quelqu'un d'autre me dit qu'il a vu un homme, en *Angleterre*, au cœur d'un hiver rigoureux, marcher sur l'eau durcie par le froid, cela a tellement de conformité avec ce qui est habituellement observé, que je suis disposé par la nature de la chose elle-même à lui donner mon assentiment, à moins qu'un soupçon manifeste n'entache la relation du fait. »[1]. On comprend qu'au regard d'un tel critère, le roi de Siam (ancien nom de la Thaïlande) ait pu tenir pour un fieffé menteur celui qui prétendait qu'en Hollande, l'eau durcissait parfois au point de pouvoir soutenir le poids d'un éléphant : son expérience ne comportant nulle donnée susceptible de corroborer une telle possibilité, aucun témoin ne pouvait lui paraître suffisamment fiable pour valider l'affirmation. Ce jugement découlait de l'adjonction du second principe : *la crédibilité d'un témoignage croît proportionnellement à l'autorité des témoins, leur nombre, et d'autres aspects relatifs au témoignage lui-même ainsi qu'aux circonstances.* Il faut donc, pour que le témoignage soit cru, que sa crédibilité contrebalance l'invraisemblance du fait qu'il rapporte.

Dans la section X de l'*Enquête sur l'entendement humain*, Hume relève un troisième facteur. Après 1. le degré d'improbabilité du miracle et 2. le degré de force du témoignage, il faut prendre en compte 3. la personnalité et la disposition particulières de celui qui reçoit le témoignage. Il est plus ou moins intelligent, instruit ou expérimenté, plus ou moins préparé à recevoir le récit qu'on lui fait ; l'événement qu'on lui rapporte est de nature à le combler d'aise ou à le contrarier ; il en reçoit le récit dans une certaine disposition d'humeur. Il suffit souvent,

---

1. Locke, *Essai sur l'entendement humain*, IVᵉ partie, chap. XV, § 5.

pour faire avaler n'importe quoi à quelqu'un, de le
« cueillir » au bon moment. Ce que je gobe aujourd'hui,
je l'aurais peut-être hier, en d'autres dispositions d'esprit,
reçu avec méfiance. Dans la semaine qui précède le
concours, les candidats sont exposés à croire n'importe
quel bobard. Que plane une menace de réforme dans
l'institution, de plan social dans l'entreprise, de conflit
armé dans une région du monde, que sévisse un virus, les
plus folles rumeurs prennent corps, et sont crues.

Il est même à craindre qu'existe, chez tous les hommes,
une disposition forte à croire aux événements extraordinaires,
fantastiques, stupéfiants, surnaturels. Hume souligne, dans
la même section de l'*Enquête*, le goût pour la nouveauté,
le surprenant et le bizarre. Être surpris, même par des
choses désagréables, a souvent quelque chose d'agréable.
Il y a là un trait assez désespérant de la nature humaine :
ceux qui ont à nous raconter des choses invraisemblables
auront toujours une longueur d'avance sur les esprits
lucides, qui restent froids devant l'extravagance. Sur un
plateau de télévision, le charlatan, l'escroc, le hâbleur, le
saltimbanque l'emporteront toujours sur l'esprit rationnel.
Les premiers nous invitent à l'émerveillement, tandis que
le second nous ramène à la banalité.

Et quoi de plus propre à susciter l'émerveillement que
le récit d'un miracle ?

L'attestation du fait doit précéder son explication

Depuis la Renaissance, la question des miracles était
âprement débattue. Question théologique : faut-il imaginer
Dieu découvrant les imperfections de sa propre création,
puis la corrigeant *a posteriori* au prix d'une violation de
lois naturelles qu'il a lui-même édictées ? Mais d'abord
question historique : des événements miraculeux sont-ils

factuellement attestés ? Cette question de fait est préjudicielle, car il n'y aurait guère sens à se demander comment est possible ce dont la réalité n'est pas assurée. Montaigne observe qu'on éviterait bien des discussions oiseuses sur des phénomènes réputés surnaturels ou paranormaux si avant de se demander comment ils sont possibles, on enquêtait sérieusement pour savoir s'ils ont seulement eu lieu : « Je vois ordinairement que les hommes, aux faits qu'on leur propose, s'amusent plus volontiers à en chercher la raison qu'à en chercher la vérité : ils laissent là les choses, et s'amusent à traiter les causes »[1]. Fontenelle raconte l'histoire de cette dent d'or, supposée avoir poussé à la mâchoire d'un enfant. Après que de savants docteurs eurent longuement disserté et polémiqué sur les causes et la signification du phénomène, on s'avisa de montrer l'objet à un orfèvre, qui dévoila la supercherie : une dent tout ce qu'il y a de plus naturelle, artificiellement recouverte d'une feuille d'or. « Assurons-nous bien du fait, avant que de nous inquiéter de la cause. Il est vrai que cette méthode est bien lente pour la plupart des gens qui courent naturellement à la cause, et passent par-dessus la vérité du fait ; mais enfin nous éviterons le ridicule d'avoir trouvé la cause de ce qui n'est point »[2].

La mécanique du croire

La question est donc : disposons-nous de témoignages dont la fiabilité soit à la hauteur d'événements aussi invraisemblables qu'une mer qui s'ouvre pour livrer passage

1. Montaigne, *Essais*, III, XI : « Des boiteux ». Ce titre anodin dissimule une critique des procès en sorcellerie, « Bibliothèque de la Pléiade », Paris, Gallimard, 2007, p. 1072.
2. Fontenelle, *Histoire des oracles*, I re Dissertation, chapitre IV. Verviers, Éditions Gérard & Co, 1973, p. 149.

à un peuple, un Soleil qui interrompt sa course ou la résurrection d'un mort ? Hume, à la section X de l'*Enquête*, donne cette réponse : « nul témoignage ne suffit à établir un miracle, à moins que le témoignage ne soit de telle sorte, que la fausseté en soit plus miraculeuse que le fait qu'il s'efforce d'établir ». Mais il est capital de noter qu'ici comme dans tout son raisonnement, Hume entend « miracle » et « miraculeux » au seul sens étymologique du latin *miraculum* : une chose étonnante, extraordinaire. La notion n'implique rien de surnaturel quant à la cause, mais seulement le fait que la chose déconcerte parce qu'elle est « hors d'ordre » (*extra-ordinaire*).

C'est une *physique* des motifs de croire qu'expose ici Hume. Le choix de croire au miracle, ou au contraire de n'y pas croire, relève d'un problème d'équilibre des forces. Ces forces sont des poids. On dit bien *balancer* entre deux opinions. On dira que tel témoignage, dans un procès, a *pesé lourd* dans la détermination de la culpabilité, que telle pièce du dossier *accablait* l'inculpé. Le poids de ma croyance n'est rien d'autre que cette force qu'on appelle en physique la *résultante* – c'est-à-dire la somme vectorielle – des différentes forces qui s'appliquent en un point, qui est ici mon esprit. C'est ce que Hume appelle « mettre en balance les expériences opposées ».

Je crois donc *dans la mesure* où les raisons de croire l'emportent sur les raisons de ne pas croire. L'idée de mesure est ici à prendre au sens strict : ma croyance n'est pas un commutateur qui s'ouvre ou se ferme dans mon esprit ; entre le refus de croire et l'assentiment sans réserve, tous les degrés du plus et du moins sont possibles. Que les raisons de croire l'emportent sur les raisons de ne pas croire ne fait pas de ma croyance une certitude. En effet, si les premières surpassent les secondes, elles ne les suppriment pas plus que la poussée des moteurs n'annule le poids de l'avion lorsqu'il s'envole. Ni l'avion, ni le grimpeur, ni l'acrobate ne « défient la pesanteur ». Et le degré du croire se calcule selon une règle simple, par soustraction : la croyance a autant de force qu'il en reste une fois défalquées, des raisons de croire, les raisons opposées de ne pas croire :

> [...] quand nous n'avons pas observé un nombre suffisant de cas pour produire une forte habitude ; ou que ces cas se contrarient ; ou que la ressemblance n'est pas exacte ; ou que l'impression présente est faible et voilée ; ou que l'expérience est effacée de la mémoire dans une certaine mesure ; ou que la connexion dépend d'une longue chaîne d'objets ; ou que l'inférence dérive des règles générales et ne leur est pourtant pas conforme : dans tous les cas, l'évidence diminue par la diminution de la force et de l'intensité de l'idée. Telle est donc la nature du jugement et de la probabilité[1].

Il importe de bien comprendre que la notion humienne de *belief* ne renvoie pas à un acte mental que le sujet ajouterait à ses représentations, au terme d'une opération que l'esprit aurait accomplie à partir de ces mêmes représentations. Elle se définit – et ne se définit *que* – par le degré de vivacité qui accompagne les perceptions – impressions sensibles ou idées – constitutives de l'esprit : « Je dis donc que la croyance n'est rien d'autre qu'une conception d'un objet plus vive, plus vivante, plus vigoureuse, plus ferme, plus stable qu'aucune où l'imagination seule soit jamais capable de parvenir »[2]. Ma certitude quant à la réalité du chien que je vois et entends

---

1. Hume, *Traité de la nature humaine*, Livre I, IIIe Partie, Section XIII, trad. fr. A. Leroy, Paris, Aubier-Montaigne, 1968, p. 238.
2. Hume, *Enquête sur l'entendement humain*, Ve section, 2 (notre traduction).

aboyer n'est pas pour Hume *déduite* de la vivacité de mes impressions, elle *n'est rien d'autre* que cette vivacité. Chaque nouvelle expérience « procure une vivacité additionnelle », les répétitions successives déterminent un renforcement de la croyance, qui repose finalement sur l'habitude. En l'absence d'expérience directe, le degré d'autorité que j'accorde aux témoignages rapportant des miracles relève pareillement d'une logique des impressions attachées à ces témoignages. On parlera bien de l'*impression* de fermeté, de cohérence, d'honnêteté, de compétence, bref de fiabilité, qui se dégage d'un récit, de l'auteur ou du texte dont nous le tenons.

La conclusion de Hume est nette : « Tout bien considéré, il est donc manifeste qu'aucun témoignage en faveur d'aucune sorte de miracle, n'a jamais atteint à la hauteur d'une probabilité, moins encore d'une preuve »[1].

L'expérience humaine ne faisant état d'aucun arrêt du Soleil dans son mouvement diurne, je ne pourrai croire au récit biblique de la bataille de Gabaon, durant laquelle, à la prière de Josué, Dieu aurait arrêté la course du Soleil pour lui permettre de vaincre les ennemis d'Israël[2], sur la foi d'« un livre que nous tenons d'un peuple barbare et ignorant, écrit à une époque où ce peuple était plus barbare encore, et, selon toute probabilité, longtemps après les faits qu'il relate ; que ne corrobore aucun témoignage concordant, et semblable aux récits fabuleux que toute nation donne de son origine »[3].

L'impossibilité d'accorder foi aux récits de miracles s'appuie donc sur une double série de preuves (*proof*), que Hume définit, à la note *a* de la VIe section de l'*Enquête*,

1. *Ibid.*, X[e] section, 2 (notre traduction).
2. Josué, X, 12 – 13.
3. Hume, *Enquête sur l'entendement humain*, X[e] section, 2 (notre traduction).

comme « des arguments tirés de l'expérience, et tels qu'ils ne laissent pas de place au doute ou à l'opposition ». Quelles sont ces preuves ? D'abord, la robustesse de l'ordre naturel, dont la régularité est constitutive de l'expérience individuelle de chacun et de celle, collective, de l'humanité. Ensuite, l'évidente fragilité des témoignages humains faisant état d'une rupture de cet ordre : indirects, controversés, souvent partiaux, exposés à l'ignorance et à toutes les passions, dont un goût naturel chez l'homme pour le merveilleux ; sans parler du fanatisme. Le déséquilibre est tel que Hume parle de « preuve complète » (*entire proof*).

En vérité, pour être exact, une telle preuve – au sens humien – n'offre jamais qu'un niveau très élevé de probabilité. Elle n'est en effet fondée que sur l'expérience, qui est privée de la nécessité et de l'universalité qu'offrent les relations d'idées. La proposition « *"trois fois cinq égalent la moitié de trente"*, exprime une relation entre ces nombres. Les propositions de ce genre se peuvent découvrir par la simple activité de la pensée, indépendamment de quoi que ce soit d'existant dans l'univers »[1]. En revanche, dans l'ordre de l'expérience, c'est-à-dire des « choses de fait » (comme sont les miracles), vaut le principe : « Tout ce qui *est* peut *ne pas être* »[2] (et réciproquement) :

> Le contraire de telle réalité de fait est toujours possible, puisqu'il ne peut jamais impliquer contradiction, et qu'il est conçu par l'esprit avec la même facilité et la même distinction que s'il était aussi conforme que possible à la réalité. Une proposition telle que : *le soleil ne se lèvera pas demain*, n'est pas moins intelligible et n'implique

---

1. Hume, *Enquête sur l'entendement humain*, IVe section, 1 (notre traduction).
2. *Ibid.*, XIIe section, 3.

pas davantage contradiction que cette affirmation : *il se lèvera*[1].

Rationnellement parlant, *tout est possible*, qui n'implique pas contradiction. Ce pourquoi Hume précise, à la fin de la section X de *l'Enquête*, qu'il n'entend pas affirmer que les miracles sont impossibles en droit, ni même qu'il ne s'en est jamais produit en fait, mais seulement qu'« aucun témoignage humain ne peut avoir assez de force pour prouver un miracle et pour en faire le fondement légitime d'un quelconque système de religion »[2]. Il appartient dès lors à chacun de décider s'il serait vraiment *aussi* fou de croire aux miracles annoncés par la religion que d'imaginer que le soleil puisse ne pas se lever demain, c'est-à-dire s'il est fondé à récuser *a priori* tous les témoignages en faveur des miracles religieux. Un catholique objectera que les guérisons miraculeuses de Lourdes sont suffisamment récentes pour avoir été soumises aux normes du contrôle scientifique, et que l'Église a pris soin d'entourer l'enregistrement de ces guérisons de garanties sérieuses, impliquant la participation de médecins incroyants. Dans un tel cas, le problème n'est peut-être plus de savoir s'il faut croire à la réalité du fait (encore que la prudence s'impose toujours), mais celui de l'explication qu'on en propose : naturelle ou surnaturelle. Dans le premier roman du cycle des trois villes (*Lourdes, Rome, Paris*), Émile Zola aborde cette question à propos d'un événement décrit comme factuellement irrécusable.

Il est peu douteux que Hume (comme du reste Zola) a en ligne de mire la religion, dont la crédibilité est ici passablement malmenée, mais son analyse est de portée

1. *Ibid.*, IVe section, 1.
2. *Ibid.*, X^e section, 2.

beaucoup plus considérable. Elle vaut en particulier pour notre époque, qui ne se passionne plus guère pour les prodiges attribués aux dieux, mais abonde en discours nous sommant d'accorder foi à des phénomènes surnaturels ou paranormaux.

Le statut de l'esprit et le refus d'une philosophie du jugement

La section X de l'*Enquête* ne présente pas cette physique des motifs de croire sous la forme d'une *règle* intellectuelle prescriptive[1]. Hume n'y énonce jamais comme précepte qu'*il faut* croire dans tel cas ou s'y refuser dans tel autre. Il *décrit* le jeu des forces qui se combattent dans l'esprit, et présente la *loi* (au sens physique, et non éthique) qui régit l'issue de ce combat. Au niveau proprement philosophique, ce « principe de crédibilité » dépend donc chez Hume d'un psychologisme naturaliste. La croyance est l'effet mécanique de processus mentaux dont l'esprit est le siège, mais sur lesquels il n'exerce aucune puissance absolue de décision. Pour Hume, il n'existe aucun esprit hors des perceptions (impressions et idées) qui le peuplent, et font valoir en s'associant ou se combattant leurs degrés respectifs de vivacité. Il aime, pour parler de l'esprit, la métaphore théâtrale de la *scène*. Des objets mentaux passent dans l'esprit, et s'y imposent avec plus ou moins de force,

---

1. Dans le *Traité de la nature humaine* (I, III, 15), Hume formule quelques « Règles pour juger des causes et des effets ». Mais ces règles demeurent des faits de nature, des tendances de l'imagination observables dans le mécanisme des impressions, même si elles prennent une forme prescriptive. Comme le dit très bien Yves Michaud, « la nature agit, elle ne peut commander » (*Hume et la fin de la philosophie*, Paris, P.U.F., 1999, p. 263).

voire de violence (une douleur insoutenable). Mais l'esprit n'est aucunement un pouvoir qui, en toute souveraineté, choisirait parmi ses représentations celles auxquelles il doit donner créance. Le fait de croire « ne dépend pas de la volonté et n'obéit pas à notre bon plaisir. Ce sentiment doit, comme tous les autres, être excité par la nature, et doit surgir de la situation particulière où se trouve l'esprit à tel moment particulier »[1]. On est aux antipodes de la théorie cartésienne du jugement : une faculté de vouloir indépendante et souverainement libre qui accorde ou refuse passage à une représentation – elle-même intrinsèquement passive – en fonction de son niveau de clarté et de distinction. L'esprit, pour Hume, ne possède aucun pouvoir de nier ni d'affirmer. Négations et affirmations procèdent naturellement du jeu des perceptions, dont certaines s'imposent contre d'autres : « La nature, par une nécessité absolue et incontrôlable, nous a déterminés à juger aussi bien qu'à respirer et à sentir ; nous ne pouvons pas plus nous abstenir de voir certains objets sous un jour plus fort et plus complet »[2]. On ne voit pas ce que pourrait encore signifier, dans ces conditions, une *éthique* de la croyance.

On trouve chez Locke, au IVe livre de l'*Essai philosophique concernant l'entendement humain*[3] une théorie détaillée de l'assentiment (*assent*), terme qui – avec ceux de jugement (*judgment*) et de croyance (*belief*) – dénote chez lui toute croyance qui, reposant sur une simple

1. Hume, *Enquête sur l'entendement humain*, Ve section, 2 (notre traduction).

2. Hume, *Traité de la nature humaine*, I, Livre I, IVe Partie, Section 1. Par des voies radicalement différentes, Spinoza parvient à une conclusion assez semblable.

3. Plus précisément aux chapitres XIV : « Du jugement » et XV : « De la probabilité ».

probabilité, n'atteint pas au niveau de la connaissance, ou certitude (*knowledge* et *certainty* sont pour Locke équivalents). Contrairement à celui de Hume, le propos de Locke abonde en formules prescriptives concernant l'attitude que *doit* adopter l'esprit pour que son jugement soit *bien fondé*. Très significatif est le précepte suivant : « L'excellence dans l'usage du jugement consiste à examiner correctement chaque probabilité et à faire une estimation vraie de son poids et de sa force, pour ensuite en calculer le bilan global et adopter le parti du côté duquel penche la balance. » On retrouve l'image de la pesée ; mais alors que chez Hume, l'esprit lui-même *n'était rien d'autre* que cette pesée s'effectuant actuellement, il peut ici se mettre à distance de ses propres représentations pour les *observer*, se livrer à une *estimation* de leurs poids respectifs, pour enfin *se déterminer* par lui-même. Même s'il n'y a chez Locke nulle place pour une volonté souverainement libre, comme chez Descartes, l'auteur de l'*Essai* crédite le sujet d'une puissance de recul et donc de jugement : le renforcement de la croyance procède d'une démarche de la raison.

De Descartes à Hume, en passant par Locke, ce qui est en question dans cette réflexion sur les motifs de croire, n'est rien de moins que la conception qu'on se fait de l'esprit et de l'homme lui-même.

Une opinion, au sens qui vient d'être examiné – la *Meinung* kantienne, correspondant à l'acception ordinaire du terme en français – procède d'un jugement dans lequel doit toujours intervenir une certaine conscience de son insuffisance. Cette conscience est en revanche tout à fait absente de l'opinion au sens nettement dépréciatif que les philosophes ont donné au mot, depuis que Platon a instruit dans ses dialogues le procès de la *doxa*. C'est même l'incapacité à se connaître comme telle qui fait l'essence de cette condition commune, dont les prisonniers de la célèbre Caverne, au VIIe livre de *La République*, offrent la pitoyable image.

CHAPITRE III

L'OPINION (2) : UNE CROYANCE
IGNORANTE DE SON INSUFFISANCE

C'est un lieu commun de l'enseignement philosophique, notamment dans la phase inaugurale de prise en mains de la classe, d'opposer au sort de ces malheureux prisonniers, végétant lamentablement sous l'empire de la *doxa*, la dure ascension (sous la conduite de Socrate !) vers les lumières de l'*épistêmê*. Les élèves sont invités à se reconnaître dans la condition des premiers, et à identifier dans leur professeur une réincarnation du second. Le vocable de *doxa* a tôt fait de se voir assigner le rôle de faire-valoir du savoir philosophique ou de la science. La langue grecque ne condamnait pourtant pas le mot à cette fonction peu glorieuse ; *doxa* y a aussi le sens très général de jugement ou d'avis (comme en français *opinion* ou en allemand *Meinung*) voire de doctrine ; bref, une acception plutôt large. Ce sont les philosophes qui, à partir de Platon, se sont définis comme amoureux de la *sophia*, c'est-à-dire du savoir, par opposition à la *doxa*, supposée être la condition du vulgaire.

DU SENSIBLE À L'INTELLIGIBLE

La *doxa* reçoit sa définition au livre VI de *La République*, dans la célèbre image de la ligne (509d – 511e). Image statique, dont celle de la Caverne reprendra les principaux éléments au début du livre suivant (514a – 518b), sur le mode dynamique d'un récit. L'image de la ligne présente une classification hiérarchique de nos pensées, selon la distance qui les sépare de la perfection du savoir : *épistêmê*. Il convient de traduire par « science ». Mais en précisant que loin de désigner une réalité sociale et institutionnelle (des chercheurs, des laboratoires), *épistêmê* signifie l'unité d'un certain mode de connaissance : qualitativement le plus élevé, le plus certain, donc le plus désirable. Chez Platon, cet idéal est fondé dans la dignité de ses objets : les seules véritables réalités, les formes intelligibles. Cette idée de la science dénote une *manière de savoir* et non – comme le mot tend à le faire aujourd'hui pour le plus grand nombre – un certain *corps de connaissances* vraies, disponible pour des usages divers, principalement techniques.

L'image de la ligne établit une frontière séparant ces deux régions de l'opinion et de la science. Le domaine de l'opinion est celui des choses visibles ; celui de la science correspond à des réalités invisibles. La visibilité des premières tient à leur nature sensible : c'est, du monde, ce qui apparaît à nos sens, et leur apparaît comme en perpétuel devenir. L'invisibilité des secondes n'est pas due à leur petitesse ou au fait qu'elles seraient cachées, mais à leur nature d'essences purement intelligibles ; partant, immuables et éternelles.

La région du sensible comporte d'une part toutes les productions de la nature ou de l'art humain, de l'autre leurs images, sous forme de représentations elles-mêmes sensibles : reflets, ombres, etc. En présence de ces dernières, il n'y a qu'*eikasia*. On traduit souvent par « illusion », mais le mot dénote plutôt les idées de représentation mentale et de conjecture. Toujours est-il que ni la peinture d'un arbre, ni son reflet dans un lac, ni son ombre ne sont l'arbre ; c'est le degré le plus bas de la connaissance. Avec les objets naturels ou artificiels, en revanche, nous croyons avoir affaire à du solide, des choses auxquelles il est permis de se fier, dont l'existence et la nature font en nous l'objet d'une persuasion sûre d'elle-même : *pistis*. Pourtant, à ce stade, nous n'avons pas encore affaire à de la véritable réalité. Face à l'original : cet arbre sensible que nous qualifions de « réel », l'âme n'a toujours pas accès à l'essence de l'arbre, mais encore à une image, qui plus est instable : tel arbre sera haut, tel autre petit ; l'un touffu, l'autre clairsemé ; l'un vert, l'autre marron ; aujourd'hui feuillu, demain dégarni. Aucun de ces arbres sensibles n'*est* véritablement, tous sont pris dans le devenir. Aucune action juste n'est la justice. *Eikasia* et *pistis* définissent le champ de la *doxa*.

Avec la seconde partie de la ligne, nous pénétrons dans la *science*, c'est-à-dire l'ordre de la pensée rationnelle, de l'intelligible. Comme le sensible, ce domaine se trouve divisé. Seulement ici, la frontière ne sépare plus deux sortes d'objets, mais plutôt deux façons d'appréhender les objets par l'intellect. La raison discursive (*dianoïa*) est à l'œuvre dans la démonstration mathématique. Mais d'une part elle use encore d'images (les figures du géomètre). D'autre part, elle est tributaire d'hypothèses arbitraires à partir desquelles elle parvient, en passant par des raisonnements déductifs, à des conclusions vraies. La perfection de la connaissance est atteinte lorsque l'intelligence intuitive (*noêsis*) a affaire aux formes intelligibles elles-mêmes : l'Idée (majuscule) de l'arbre, du triangle ou de la justice est un absolu à partir duquel il est possible de raisonner déductivement de manière parfaitement sûre. La dialectique est la méthode – incarnée dans le dialogue socratique – qui permet de remonter vers les essences.

Comme la ligne, la Caverne est une analogie, dont il n'est pas facile de faire clairement correspondre les éléments avec les sections de la ligne. Les prisonniers enchaînés face à la paroi où se projettent les ombres figurent notre condition humaine d'asservissement aux apparences sensibles. C'est le domaine de la *doxa*. Mais cet arsenal de concepts et d'images ne sert pas du tout à produire une théorie psychologique de nos opinions ou de nos croyances, et des différentes manières dont nous les formons. Il y a certes chez Platon des analyses subtiles de certaines techniques d'inculcation des croyances, par exemple dans sa critique de la rhétorique et des sophistes. Mais ce n'est là qu'une étape vers un but beaucoup plus élevé, qui exige d'interroger l'ordre de l'être (ontologie) comme celui du devoir-être (morale, politique, esthétique). Le platonisme veut procurer un fondement rationnel à notre rapport à la réalité, aux discours que nous tenons sur elle, à ce que nous pouvons en connaître et à la manière dont nous devons y vivre et y agir. L'enjeu n'est pas seulement une théorie des niveaux de la connaissance. Il est aussi – et pour Platon, *surtout* – la vie éthique. Le questionnement socratique avait initié un cheminement qui débouche sur la découverte du caractère métaphysique de ce fondement : ce que nous appelons la réalité – et qui n'en est pour Platon que l'apparence sensible – ne peut être droitement pensé et vécu que par le rapport que cette prétendue réalité entretient avec un niveau de réalité *plus réel*, qui est de nature intelligible. La croyance doxique n'est pas une perversion momentanée de l'esprit, un dysfonctionnement psychologique ou social contingent auquel pourrait remédier une discipline intellectuelle. Elle est le mode normal, le régime de croisière du rapport que le vulgaire – nous tous – entretient avec le monde où, maladroitement, il essaye de vivre. En sortir suppose autre chose qu'une bonne hygiène mentale : une véritable conversion à ce mode de penser qui s'appelle philosophie. C'est cette conversion que décrit le récit dont la fameuse Caverne est le cadre.

L'emploi en français du mot grec *doxa* est donc loin de suffire pour situer le propos au niveau de l'ambition platonicienne. Causer grec pose toujours son homme, mais de cette signification platonicienne, ne reste dans notre usage courant que le sens d'une pensée présentant deux traits caractéristiques. Le premier : d'être très assurée d'elle-même, comme le sont les interlocuteurs de ces dialogues socratiques voués à la recherche d'une définition. Le second : d'être aveugle aux conditions dans lesquelles elle se forme, et finalement à la réalité elle-même. Vit dans la *doxa* celui qui ne sait pas ce qu'il pense, même si ce qu'il pense est vrai. Platon admet l'existence d'une « opinion droite » : *orthê doxa*, ou « opinion vraie » : *alêthês doxa*. Car il n'y a nulle fatalité que le contenu d'une opinion soit toujours faux. Il arrive qu'elle « tombe » juste, mais par hasard. Cette connaissance empirique, « pour ce qui concerne l'action, n'est pas moins bonne ni utile que la science, et l'homme qui la possède vaut le savant »[1]. La métallurgie a fait durant des siècles sans la chimie, la médecine s'est passée longtemps – et se passe pour une part encore – des sciences biologiques. Les stoïciens faisaient cette distinction : le vrai (*to alêthés*), c'est la propriété qui appartient à l'énoncé « Il fait jour » quand il est prononcé en plein jour. Sous cette condition, l'énoncé reste vrai dans la bouche de l'insensé, qui le prononcerait aussi bien en pleine nuit. Mais seul le sage possède la vérité

---

1. Platon, *Ménon*, 98c.

(*Alêthéia*), qui suppose « la composition de beaucoup de choses vraies »[1].

Il y a quelque chose de cette inspiration platonicienne et stoïcienne dans ce jugement de Gaston Bachelard :

> La science, dans son besoin d'achèvement comme dans son principe, s'oppose absolument à l'opinion. S'il lui arrive, sur un point particulier, de légitimer l'opinion, c'est pour d'autres raisons que celles qui fondent l'opinion ; de sorte que l'opinion a, en droit, toujours tort. L'opinion *pense* mal ; elle ne *pense* pas elle *traduit* des besoins en connaissances. En désignant les objets par leur utilité, elle s'interdit de les connaître. On ne peut rien fonder sur l'opinion : il faut d'abord la détruire. Elle est le premier obstacle à surmonter[2].

« L'opinion a, en droit, toujours tort », cela veut dire : même quand, *en fait*, elle a raison.

LES AVATARS DE LA *DOXA*

Idées reçues

Elles le sont comme on reçoit la pluie, plutôt qu'à la façon dont on reçoit des invités qu'on a choisis. Il le faut bien, et nul n'y échappe, puisqu'aussi sûrement que l'eau dégringole des nuages, les idées – si l'on peut donner ce nom au vaste fatras de nos productions mentales irréfléchies – naissent spontanément de l'infinie diversité des conditions et des pratiques humaines, individuelles et collectives. C'est ce que Platon veut montrer en convoquant face à

---

1. Sextus Empiricus, *Hypotyposes pyrrhoniennes*, II, 8. *Contre les mathématiciens*, VII, 38.
2. *La Formation de l'esprit scientifique*, chap. Ier : « La notion d'obstacle épistémologique », Paris, Vrin, 1972, p. 14.

Socrate des spécialistes : le prêtre Euthyphron, le soldat Lachès, les sophistes Hippias, Protagoras ou Gorgias. Tous y étalent naïvement les croyances inhérentes à leur état, et l'ignorance où ils sont de la nature réelle des choses dont leur métier supposerait le savoir : la piété, le courage ou le savoir lui-même. Et aussi sûrement que les eaux pluviales ruissellent selon les pentes et s'infiltrent selon la texture des sols, les idées reçues se diffusent selon les reliefs psychologiques et sociologiques et pénètrent les esprits en fonction de leur degré de perméabilité, fonction inverse du niveau d'instruction.

Préjugés

La *doxa*, c'est aussi le *préjugé*, opinion de celui qui a prononcé son jugement : il a décrété, validé ou condamné, *avant* d'exercer sa faculté de juger, c'est-à-dire son pouvoir – qui est aussi un devoir ! – d'examen critique ; autrement dit, explique Kant, « *faute de la réflexion* qui doit précéder tous les jugements »[1]. Au § 40 de la *Critique de la faculté de juger*, il en donne cette définition : « Le préjugé est la tendance à la passivité, donc à l'hétéronomie de la raison »[2] ; l'esprit y succombe lorsqu'il place la faculté de juger sous une autorité étrangère, c'est-à-dire autre que le « principe actif »[3] de sa propre raison : prestige d'autrui, puissance de l'affectivité ou d'une autre faculté. Ce pourquoi l'enfance est l'âge par excellence de l'inculcation des préjugés : l'autorité des adultes et la dépendance à la sensibilité placent l'esprit en situation d'hétéronomie. Les Lumières,

---

1. Kant, *Logique*, Introduction, IX, *op. cit.*, p. 85.
2. Kant, *Critique de la faculté de juger*, § 40, dans *Œuvres philosophiques*, t. II, « Bibliothèque de la Pléiade », Paris, Gallimard, 1985, p. 1073.
3. Kant, *Logique* Introduction, IX, *op. cit.*, p. 86.

terme qui désigne « la libération des préjugés en général »
(voir l'opuscule de 1784 : *Qu'est-ce que les Lumières ?*),
se définissent par ce privilège conféré à la raison. Il ne
procède ni d'une lubie bien caractéristique des philosophes,
ni du caprice d'une époque rebelle, mais de cette prérogative
exclusive de la raison : elle seule est à même de *rendre
compte* (notamment devant autrui) de ce qui est pensé, dit
ou fait. Qui récuse la raison – par exemple au bénéfice de
l'affectivité, ou de l'autorité supérieure d'un dogme ou
d'une institution – doit encore argumenter, c'est-à-dire
raisonner, pour établir la légitimité de cette autorité.
« Quiconque veut récuser la raison, dit Rousseau, doit
convaincre sans se servir d'elle »[1].

Stéréotypes

Lorsqu'elle a pour objet des groupes, la *doxa* se décline
en *stéréotypes*, qui noient les différences individuelles et
fixent ces groupes en des essences rigides (du grec *stéréos* :
solide, dur, obstiné) : les Français sont indociles et
querelleurs, les Allemands disciplinés ; les femmes sont
émotives, les hommes plus rationnels ; les immigrés sont
assistés. Il s'agit le plus souvent de groupes humains, mais
un stéréotype tenace veut que les bactéries (les « microbes »)
soient toujours un danger pour la santé. Bien des stéréotypes
sont totalement faux. Quelques-uns ont causé beaucoup
de mal. Mais pas plus que l'opinion en général, le stéréotype
ne saurait être faux en vertu de sa nature : des contingences
historiques ou climatiques pourraient peut-être expliquer
des différences de tempéraments entre deux peuples. Il

1. Rousseau, *Émile*, IV, *Profession de foi du vicaire savoyard*,
Dialogue du raisonneur et de l'inspiré, Paris, Garnier-Flammarion, 1996,
p. 107.

arrive même que la dénonciation des stéréotypes procède du préjugé ! On récusera ainsi *a priori*, au nom de l'égalité, toute affirmation d'une différence valant *en général* (c'est-à-dire par nature) entre cerveaux masculins et féminins, sans se préoccuper de ce que sait la biologie à ce sujet.

Idéologies

Idées reçues, préjugés et stéréotypes s'inscrivent souvent dans des *idéologies*. Au pluriel[1], le mot se prend en deux acceptions. Au sens faible, journalistique (forcément le plus répandu) ce sont des systèmes de pensée qui circulent dans les sociétés humaines et guident les actions de groupes humains ou d'États. Leur caractère souvent mal défini les distingue des dogmes ou des théories, et attache au mot une signification dépréciative, renforcée par l'évaluation négative de leur rôle historique (ce qui est un stéréotype ! il y a des idéologies bénéfiques : les droits de l'homme).

Le marxisme a donné à la notion d'idéologie un contenu plus précis, donc plus intéressant. Pour Marx et Engels (*L'Idéologie allemande*, 1845), et bien qu'ils aient peu employé le mot, *idéologie* est un concept qui acquiert, dans le projet global d'une science des formations sociales, le statut de théorie explicative de la *doxa*. Le philosophe Louis Althusser en donne la définition suivante : « Une idéologie est un système (possédant sa logique et sa rigueur propres) de représentations (images, mythes, idées ou concepts selon les cas) doué d'une existence et d'un rôle

---

1. Au singulier, il peut désigner le projet, formé au tournant des XVIIIᵉ et XIXᵉ siècles, d'une science générale des idées. Des penseurs aujourd'hui oubliés : Destutt de Tracy, Cabanis, Volney, Garat, Daunou voulaient comprendre à partir de principes généraux la nature des idées, les lois de leur organisation dans l'esprit, leurs relations aux signes du langage et enfin leur origine. Ce sont les prémices des sciences cognitives.

historiques au sein d'une société donnée »[1]. Dans les
sociétés passées et présentes, ce rôle historique est défini
en termes de luttes de classes : comme conception du
monde, une idéologie exprime (en même temps qu'elle
dissimule) les intérêts d'une classe dans la lutte qui l'oppose
à d'autres classes. Au sens marxiste, l'idéologie est donc
toujours définie par sa *fonction* sociale de domination ou
de combat contre la domination. L'idéologie est alors
comprise comme fiction nécessaire, aux deux sens de
l'adjectif : inhérente à l'essence même du social et
indispensable aux classes qui y défendent leurs intérêts
historiques. La pensée des droits de l'homme à l'époque
des Lumières sera par exemple comprise comme une pièce
de l'idéologie de la bourgeoisie montante face à une
aristocratie privilégiée dont la domination trouvait sa
légitimation principale dans l'idéologie religieuse.
L'universalisme de cette philosophie manifeste l'illusion
dont la bourgeoisie a besoin pour faire passer – y compris
vis-à-vis d'elle-même – ses projets particuliers de classe
révolutionnaire pour l'accomplissement d'une essence
humaine éternelle. Cette critique est menée par Marx dans
La Question juive (1844). La religion, le droit, les
conceptions du monde, les théories économiques et
finalement la philosophie elle-même sont comprises par
le marxisme comme idéologies. Le cartésianisme sera par
exemple interprété comme la constitution d'une philosophie
du sujet libre à partir de la révolution scientifique de l'âge
classique, conformément aux exigences des rapports de
classe dans la société bourgeoise, fondée sur la libre
circulation des individus et non plus sur une division en

---

1. *Pour Marx*, « Marxisme et humanisme », IV, Paris, Éditions
Maspero, 1974, p. 238.

ordres. De même, la philosophie du droit naturel classique (chez Hobbes ou Locke) s'interprète comme une tentative de fonder dans l'essence même des choses les nouvelles formes de domination politique dont la classe bourgeoise a besoin.

Illusions

En contexte marxiste, l'idéologie est pensée comme *illusion*, et même double illusion. Premièrement, comme *mystification*. Dans l'idéologie dominante, qui est l'idéologie de la classe dominante, « les hommes et leurs rapports apparaissent tête en bas, comme dans une *camera obscura* ; ce phénomène résulte tout autant du procès historique de leur vie que le renversement des objets sur la rétine d'un procès directement physique »[1]. Mais la représentation mystifiée que l'idéologie présente à la conscience des hommes pris dans les rapports sociaux de domination se double d'une seconde illusion, d'*autonomie*. Ces représentations, pour être des « fantasmagories » procédant de « leur procès de vie matériel, constatable dans les faits et rattachable à des conditions matérielles » (l'exploitation du travail), ne leur en apparaissent pas moins comme de pures productions de la conscience, sans lien avec « l'activité pratique » et « détachées de l'histoire réelle ». La double dimension d'illusion que comporte l'idéologie tient par conséquent au caractère de *nécessité* qui la définit : les croyances dont l'idéologie est porteuse ne doivent rien à

---

1. Marx et Engels, *L'idéologie allemande*, I : « Feuerbach », dans Karl Marx, *Écrits philosophiques*, Paris, Flammarion, 2011, p. 178. « *Camera obscura* » : la chambre noire est un dispositif autrefois utilisé par les dessinateurs pour reproduire une scène réelle qui apparaissait, sur le papier, renversée dans les sens de la hauteur et de la largeur.

la fantaisie arbitraire des puissants, qui les forgeraient librement comme des fictions au service de leur domination. Ce ne sont pas les « nobles mensonges » que les philosophes-rois de la cité platonicienne dispensent au vulgaire sans du tout y croire eux-mêmes : la mystification idéologique n'atteint pas moins les dominants à qui elle profite que les dominés qui la subissent. Les contenus de l'idéologie autant que les mécanismes subtils et complexes de sa diffusion tiennent au fonctionnement même de la structure sociale, ce pourquoi il est vain d'espérer les réfuter en opposant aux « fantasmagories » de l'idéologie la pure vérité (par exemple scientifique).

Cet aspect de nécessité se retrouve dans la définition kantienne : « Est illusion le leurre qui subsiste, quand bien même l'on sait que l'objet présumé n'existe pas »[1]. Dans l'illusion qui me fait voir la pleine lune plus grosse à l'horizon qu'à son zénith, il est difficile de ne pas croire que sa grandeur angulaire varie réellement dans mon champ visuel, alors qu'en réalité, cette variation s'explique entièrement par l'interprétation que fournit mon cerveau des données optiques : j'exagère sa taille parce que je la compare à des objets lointains (bâtiments, reliefs) et que je sais être fort grands. La croyance que l'ensemble des entiers naturels (0, 1, 2, 3, 4, 5, …) contient plus d'éléments que l'ensemble de ces entiers qui sont des carrés (0, 1, 4, 9, 16, 25, …), résiste au raisonnement simple qui montre, en mettant ces deux ensembles en bijection, qu'ils ont le même cardinal. Ici et là, c'est une nécessité inhérente au fonctionnement mental qui détermine la croyance.

---

1. Kant, *Anthropologie du point de vue pragmatique*, introduction et traduction par M. Foucault, Paris, Vrin, 2008, § 13, p. 108.

C'est encore une nécessité d'ordre psychique qui préside à l'illusion telle que la définit Freud : « ce qui reste caractéristique de l'illusion, c'est qu'elle dérive de désirs humains [...]. Nous disons donc qu'une croyance est une illusion quand, dans sa motivation, c'est l'accomplissement du désir qui se met en avant »[1]. La jeune fille pauvre qui s'attend à la venue du prince charmant *se fait* – par la puissance de son désir – des illusions. Ainsi définie, l'illusion n'implique pas l'erreur. Que le rêve du prince charmant ne repose sur rien d'autre que le désir de la jeune fille, cela n'exclut pas absolument qu'il s'accomplisse. Ici, le rapport de nos croyances à l'univers des passions appellerait un examen approfondi.

Chez Freud, la croyance religieuse tombe sous cette catégorie de l'illusion, comme elle relève, pour le marxisme, de l'idéologie. La place manque pour un exposé (sans parler d'une discussion) de ces critiques, mais on ne peut se dispenser d'examiner la notion sous laquelle le croyant lui-même conçoit ce qu'il croit : celle de foi. Dont on va voir, toujours en suivant Kant, qu'elle comporte d'autres dimensions que religieuse.

---

1. Freud, *L'avenir d'une illusion*, VI, trad. fr. B. Lortholary, Paris, Points-Seuil, 2011, p. 80.

CHAPITRE IV

LA FOI

Si nous continuons de suivre la typologie kantienne (*savoir, opinion* et *foi*) les choses deviennent ici délicates, d'abord pour des questions de traduction. *Das Glauben* est un infinitif substantivé (comme *Wissen* et le français « savoir »), qu'on a souvent traduit par « croyance » ; terme peu satisfaisant, en ce qu'il affaiblit la différence par rapport à « opinion » et véhicule la valeur dépréciative signalée plus haut. Inversement, « foi » oriente vers un sens religieux qui ne correspond qu'à un aspect du *Glauben* kantien, l'allemand ne possédant pas les couples *croyance* / *foi* ou *belief* / *faith*, qui dénotent mieux la spécificité du religieux. Il est en outre difficile de reconnaître, dans la conception kantienne du *Glauben*, l'idée de la foi telle qu'elle s'est élaborée dans les religions et les théologies révélées. Si l'on pensait à Pascal : « Dieu sensible au cœur, non à la raison », on ferait fausse route, parce que le *Glauben* kantien tient à la raison de plus près qu'au sentiment. Le rationalisme de Kant se méfie du sentiment, dans le domaine moral mais plus encore religieux. L'enthousiasme – étymologiquement : « avoir Dieu en soi » – n'est jamais bien loin des délires mystiques et du fanatisme.

Toutefois, ni le français *foi* ni l'anglais *faith* n'impliquent exclusivement un objet religieux. Ils peuvent s'appliquer à une personne ou une institution en qui l'on place sa *confiance*. Cette parenté étymologique (qui ne fait pas, on le verra, une identité de signification) suffit pour nous faire préférer « foi » pour rendre « *Glauben* », dont Kant donne cette définition : « assentiment pour une raison qui est objectivement insuffisante, mais subjectivement suffisante »[1]. « Le mot *foi* est en pareil cas une expression de la modestie au point de vue *objectif*, mais il exprime en même temps la fermeté de la confiance au point de vue *subjectif* »[2].

Bien qu'elle se communique de fait assez couramment, la foi est objectivement insuffisante, parce que « le *Glauben* ne procure aucune conviction qui puisse être communiquée et qui exige l'assentiment universel comme la conviction qui vient du savoir »[3]. De sorte que « sont seulement matière à *Glauben* des objets tels que l'assentiment qu'on leur donne est nécessairement libre, c'est-à-dire n'est pas déterminé par des fondements de vérité objectifs, indépendants de la nature et de l'intérêt du sujet »[4]. Cela apparente la foi à l'opinion. Par quoi alors s'en distingue-t-elle ? D'où tient-elle sa suffisance subjective ? Autrement dit, d'où lui vient cette « fermeté de la confiance » ? La réponse de Kant tient en un seul mot : la pratique.

---

1. Kant, *Logique*, Introduction, IX, *op. cit.*, p. 75.
2. Kant, « De l'opinion, du savoir et de la foi », *op. cit.*, p. 1381.
3. Kant, *Logique*, Introduction, IX, *op. cit.*, p. 78.
4. Kant, *Logique*, Introduction, IX, *op. cit.*, p. 78.

KANT : LA FOI PRATIQUE

« Ce n'est jamais que sous le *point de vue pratique* que la créance théoriquement[1] insuffisante peut être appelée *foi* »[2]. Le « point de vue pratique » est le point de vue de l'action, qui doit satisfaire aux deux exigences conjointes d'efficacité et de moralité. Ainsi compris, le concept kantien de « foi pratique » renvoie à des expériences profondément humaines.

La foi pragmatique

Au point de vue de l'efficacité, nous ne savons jamais à l'avance si les moyens choisis permettront d'atteindre les buts fixés. Cette ignorance serait paralysante si nous nous engagions dans l'action sans cette *foi pragmatique* qui dispense d'espérer pour entreprendre et de réussir pour persévérer. Pour fonder une entreprise, lancer une grève, militer pour une cause, il faut, comme on dit, « y croire ». Une telle foi est indispensable à l'étudiant qui, ouvrant au hasard *Le Sophiste* de Platon, la *Critique de la raison pure* de Kant ou *L'être et le néant* de Sartre, perd à l'instant tout espoir d'y comprendre jamais rien. Kant évoque le soin médical :

> Il faut que le médecin fasse quelque chose pour un malade qui est en danger ; mais il ne connaît pas la maladie. Il examine les phénomènes et il juge, ne sachant rien de mieux, qu'il a affaire à la phtisie. Sa foi, même suivant son propre jugement, est simplement contingente, un

---

1. Par « théoriquement », il faut entendre : au point de vue des exigences de la connaissance.
2. Kant, *Critique de la raison pure*, « De l'opinion, du savoir et de la foi », *op. cit.*, p. 1378.

autre pourrait peut-être trouver mieux. Une foi contingente
de ce genre, mais une foi qui sert de fondement à l'emploi
réel des moyens pour certaines actions, je l'appellerai la
foi pragmatique[1].

Le terme de « pratique » ne renvoie pas seulement à
l'action sur les choses. La théorie, la science sont aussi
des sortes de pratiques (Louis Althusser parlait de « pratique
théorique »[2]). On a vu qu'il y avait, en deçà de toute opinion
que nous formons et lui procurant comme un socle de
légitimité, un certain savoir. Inversement, il est probable
qu'aucun savoir ne pourrait se constituer s'il ne prenait
appui sur un fond de convictions implicites qui ne relèvent
pas du savoir, mais bien de la croyance. La science en offre
un exemple, qui requiert au moins de croire que le réel est
rationnel, ou du moins qu'il se plie jusqu'à un certain point
aux normes et aux principes de la rationalité humaine.
Postulat indémontrable, dont il n'y a nulle preuve scientifique, tirée de la raison ou de l'expérience. Ce n'est pas
non plus une opinion. On a du mal à la désigner autrement
que du nom de *foi*. Pour autant, les débats qui ont agité la
physique fondamentale au premier tiers du XXe siècle ont
fait vaciller cette croyance. Déclarant que « Dieu ne joue
pas aux dés », Einstein fondait sur sa foi dans le déterminisme
physique la quête d'une théorie unifiant dans un seul
système d'équations la lumière, la matière et la gravitation.
Les pionniers de la nouvelle théorie quantique, réunis
autour de Niels Bohr, ne partageaient pas cette foi, et

1. Kant, *Critique de la raison pure*, « De l'opinion, du savoir et de
la foi », *op. cit.*, p. 1379.
2. L. Althusser, *Lire le Capital*, I, « Du "Capital" à la philosophie
de Marx », Paris, Maspero, 1975 ; *Initiation à la philosophie pour non-
philosophes*, Paris, P.U.F., 2014, chap. 7 *sq.*

tenaient pour une conception statistique des lois de la nature.

Au médecin et au scientifique, ajoutons le philosophe : ne lui faut-il pas beaucoup de foi dans les vertus de ses recherches, de ses écrits ou de son enseignement pour continuer de s'y consacrer, dans un monde où tant de périls, tant de causes et tant de combats peinent à mobiliser les énergies que justifierait pourtant leur urgence ?

Mais dès qu'il est question de « foi », la grande affaire est celle de la foi religieuse, de la foi en Dieu ou en la vie éternelle. Pour Kant, la question se pose sur deux plans.

La foi doctrinale

On a vu que la pratique scientifique requérait de postuler la rationalité du réel. Kant va plus loin : la science tirera bénéfice de faire *comme si* le monde était bâti selon un principe de finalité, comme l'œuvre d'un créateur puissant et sage. Sans doute il nous est impossible de *savoir* qu'il en est ainsi, mais il est très utile à la recherche de le supposer, au titre de principe méthodologique :

> [...] présupposer un sage auteur du monde est une condition d'un but qui à la vérité est contingent, mais qui n'est cependant pas sans importance, celui d'avoir une direction dans l'investigation de la nature. Le résultat de mes recherches confirme d'ailleurs si souvent l'utilité de cette supposition, et il est si vrai qu'on ne peut rien avancer de décisif contre elle, que je dirais beaucoup trop peu si j'appelais ma créance une simple opinion, [cette foi] doit être appelée foi doctrinale[1].

---

1. Kant, *Critique de la raison pure*, « De l'opinion, du savoir et de la foi », *op. cit.*, p. 1380-1381.

L'idée d'une suprême sagesse créatrice du monde physique impose le principe de parcimonie : il faut toujours, supposant que la nature produit ses effets par les voies les plus simples, ne pas multiplier les causes. Dans l'étude du vivant, l'hypothèse que telle propriété morphologique ou comportementale possède une *fonction* oriente la recherche dans une direction souvent féconde. Cette « foi doctrinale » ne concerne guère que le savant spécialiste de l'étude de la nature. On est encore fort loin de la foi du croyant, pour qui l'ordre harmonieux n'est pas un principe heuristique mais un objet d'admiration. Du reste, Kant observe que « la foi purement doctrinale a en soi quelque chose de vacillant ; on en est souvent éloigné par les difficultés qui se présentent dans la spéculation, bien que l'on y revienne toujours infailliblement de nouveau ». Et en effet, la biologie moderne valide de moins en moins l'idée kantienne selon laquelle « Tout dans l'animal a son utilité et une bonne fin »[1].

À Kant, qui tient à procurer une assise – sinon un fondement – à l'attitude religieuse, il faut quelque chose de plus solide. Ce sera la « foi morale », plus proche de notre idée religieuse de la foi. Dieu en est l'objet, mais d'une façon plus directe et plus urgente.

La foi morale

Dans l'ordre éthique, l'action requiert une *foi morale*. Pour Kant, il est parfaitement clair que la morale ne découle pas de la religion. Les commandements moraux – ce qu'il appelle impératif catégorique – ne sont pas des ordres venus de Dieu. La loi morale est fondée dans la seule

---

1. Kant, *Critique de la raison pure*, Appendice à la « Dialectique transcendantale », *op. cit.*, p. 1280.

raison. Par ailleurs, Kant est assuré, depuis la *Critique de la raison pure*, que l'existence de Dieu ne peut en aucun cas faire l'objet d'un savoir, de type scientifique. Les prétendues preuves de l'existence de Dieu ou de l'immortalité de l'âme ne sont pas recevables, parce que nulle connaissance n'est possible des objets situés au-delà du champ de l'expérience sensible. Mais ce motif disqualifie symétriquement toute prétention de fonder l'athéisme comme savoir. La place est donc disponible pour *croire* en Dieu. C'est ce que signifie la fameuse formule de la Préface de la seconde édition de la *Critique de la raison pure* : « je devais donc supprimer le *savoir*, pour trouver une place pour la *foi* ». Or, il est non seulement possible *intellectuellement* de croire en Dieu, mais c'est même *moralement*, selon Kant, une sorte d'obligation.

Car si la morale ne dépend pas de la religion, il ne s'ensuit pas qu'elle n'ait avec la religion aucun lien. Le rapport qui unit la religion à la morale ne va pas dans le sens descendant : du Ciel vers la terre, de Dieu vers les créatures humaines. Il est inverse, c'est-à-dire ascendant : de la morale humaine vers les objets de la foi. Ce rapport tient à ceci, que s'il n'est pas nécessaire de croire en Dieu ni en la vie après la mort pour vivre moralement, c'est très difficile pour l'être humain, qui – comme être doué de raison – entend l'appel de la moralité, mais aussi – comme être sensible – aspire au bonheur. Certes, un athée peut être vertueux. Kant en connaît au moins deux exemples. Il importe peu que le premier soit fictif : dans *Julie ou La nouvelle Héloïse* (V, 5), Rousseau fait le portrait de M. de Wolmar, homme de bien, qui « porte au fond de son cœur l'affreuse paix des méchants ». Le personnage est très probablement présent à l'esprit de Kant (grand lecteur de Rousseau) quand il écrit le fameux § 87 de la *Critique de la faculté de juger* (1790), où se trouve évoqué le second exemple, Spinoza :

> Nous pouvons donc admettre un honnête homme (comme Spinoza), qui se tient pour fermement persuadé qu'il n'y a pas de Dieu et (parce qu'au point de vue de l'objet de la moralité il en résulte la même chose) qu'il n'y a pas de vie future ; […]. Le mensonge, la violence et la jalousie l'accompagneront toujours, même s'il est lui-même loyal, pacifique et bienveillant ; et les gens honnêtes qu'il rencontre, malgré toute leur dignité à être heureux, seraient cependant soumis, comme tous les autres animaux sur terre, par la nature qui n'y fait pas attention, à tous les maux de la misère, des maladies et des morts prématurées et le resteraient toujours, jusqu'à ce qu'une vaste tombe les engloutisse tous (honnêtes ou malhonnêtes, peu importe) et les rejette, eux qui pouvaient croire être le but final de la création, dans le gouffre du chaos dépourvu de fin de la matière, dont ils furent tirés[1]. Ainsi cet homme convaincu du bien en obéissant à la loi morale avait et devait avoir sous les yeux une fin qu'il lui faudrait assurément abandonner comme impossible ; ou bien, s'il veut rester dévoué à l'appel de sa destination morale intérieure, et s'il ne veut pas affaiblir le respect que la loi morale lui inspire immédiatement pour l'obéissance, par la nullité du seul but final idéal conforme à la haute exigence de cette loi (ce qui ne peut avoir lieu sans

---

1. Victor Hugo, *Religions et religion*, Paris, Ollendorf, 1927-1929, p. 238 : « Jésus-Christ et Judas désagrégés ensemble, / Puis remêlés à l'ombre éternelle qui tremble, / Sans que l'atome, au fond de l'être où tout périt, / Sache s'il fut Judas ou s'il fut Jésus-Christ » (Le chapitre III : "Rien" d'où sont tirés ces vers, devait initialement s'intituler "Spinoza"). La référence à la « matière » n'est pas d'un spinozisme orthodoxe. Spinoza n'est pas matérialiste. On pense plutôt à l'atomisme épicurien. Reste que chez Spinoza, la vertu ne doit rien à l'espérance d'un autre monde : « Le prix de la vertu c'est la vertu même » (Lettre 43 à Jacob Osten).

préjudice pour le sentiment moral), il doit, et c'est là aussi ce qu'il peut faire de bien, puisqu'au moins ce n'est pas contradictoire en soi dans l'intention pratique, c'est-à-dire pour se faire au moins un concept de la possibilité du but final qui lui est prescrit moralement, admettre l'existence d'un auteur moral du monde, c'est-à-dire de Dieu[1].

Il est significatif que pour parler de l'athéisme, Kant emploie « persuadé » (*überredet*) et non « convaincu » (*überzeugt*). Toujours est-il qu'il y a des athées vertueux, et de méchants croyants. Quelle différence, du point de vue de la morale, entre l'athée et le croyant ? L'un n'est pas plus moral que l'autre : « Et leur sang rouge ruisselle / Même couleur même éclat / Celui qui croyait au ciel / Celui qui n'y croyait pas »[2]. L'athée, s'il est vertueux, est vertueux *autrement*. Sa vertu est sans espérance. Pascal : « désespoir des athées, qui connaissent leur misère sans rédempteur »[3]. La grandeur de Kant est d'avoir compris que cela ne changeait rien à la possibilité de la moralité et presque rien à son contenu.

Il ne serait pas moral que nous agissions en vue de récompenses que nous attendons pour prix de notre vertu, mais il est légitime, si l'on vit vertueusement, de cultiver l'espérance qui s'accorde le mieux avec une exigence de justice profondément enracinée dans le cœur humain. Ainsi, dit Kant, je croirai « inévitablement à l'existence de Dieu et à une vie future, et je suis certain que rien ne peut faire chanceler cette foi, puisque cela renverserait mes principes

---

1. Kant, *Critique de la faculté de juger*, § 87, *op. cit.*, II, p. 1073.
2. Aragon, « *La rose et le réséda* », dans *La Diane française* (1946), *Œuvres poétiques complètes*, « Bibliothèque de la Pléiade », Paris, Gallimard, 2007, p. 999.
3. Pascal, *Pensées*, LG 419 ; Br 556 ; L 449.

moraux mêmes, auxquels je ne saurais renoncer sans être exécrable à mes propres yeux »[1]. Cette foi morale donne lieu à ce que Kant appelle les postulats de la raison pratique. Il faut poser l'existence de Dieu et l'immortalité de l'âme, comme conditions nécessaires pour la satisfaction de notre aspiration au souverain bien. Bien qu'aucun savoir ne la soutienne, cette foi a la force de la certitude :

> La conviction ici n'est pas une certitude *logique*, mais une certitude *morale* ; et, puisqu'elle repose sur des principes subjectifs (la disposition morale), je ne dois même pas dire : *Il est* moralement certain qu'il y a un Dieu, etc., mais : *Je suis* moralement certain, etc. Cela veut dire que la foi en un Dieu et en un autre monde est tellement unie à ma disposition morale, que je ne cours pas plus le risque de perdre cette foi que je ne crains de pouvoir jamais être dépouillé de cette disposition intérieure[2].

Dans cette expression de « certitude morale » se confondent deux significations : 1) c'est une certitude qui tire son existence et sa force de l'expérience éthique du devoir ; 2) « certitude morale » a ici le sens cartésien d'une conviction « suffisante pour régler nos mœurs, ou aussi grande que celle des choses dont nous n'avons point coutume de douter touchant la conduite de la vie, bien que nous sachions qu'il se peut faire, absolument parlant, qu'elles soient fausses. Ainsi ceux qui n'ont jamais été à Rome ne doutent point que ce ne soit une ville en Italie, bien qu'il se pourrait faire que tous ceux desquels ils l'ont

---

1. Kant, *Critique de la raison pure*, « De l'opinion, du savoir et de la foi », *op. cit.*, p. 1382.
2. *Ibid.*

appris les aient trompés »[1]. « La conduite de la vie », c'est ici la poursuite de la vertu. Appelée en soutien de l'intérêt moral, la foi en reçoit en retour un appui :

> Affermissez et augmentez cet intérêt [moral], et vous trouverez la raison très docile et même plus éclairée pour unir à l'intérêt pratique l'intérêt spéculatif. Si au contraire vous ne prenez pas soin dès le début, ou au moins à moitié-chemin, de rendre les hommes bons, vous n'en ferez jamais non plus des hommes sincèrement croyants[2].

Rousseau l'avait dit dans la *Profession de foi du vicaire savoyard*, au IVe livre de *L'Émile* : « tenez votre âme en état de désirer toujours qu'il y ait un Dieu, et vous n'en douterez jamais ».

De l'horrible danger de l'athéisme

Mais quand il écrit que ne croire à rien « ne peut avoir lieu sans préjudice pour le sentiment moral » on peut se demander si Kant pense vraiment (en dépit de l'exemple de Spinoza) qu'un incroyant puisse être bon. Dans *Qu'est-ce que s'orienter dans la pensée ?* (1786), on trouve ce jugement plutôt sévère à l'endroit de l'athéisme :

> La raison, néanmoins, ne cesse d'aspirer à la liberté : aussi bien, une fois brisées ses chaînes, son premier usage d'une liberté longtemps désaccoutumée dégénère forcément en abus et en une présomptueuse confiance dans l'indépendance de son pouvoir à l'égard de toute restriction, en une conviction de la toute-puissance de la raison spéculative qui n'admet que le justifiable au nom

---

1. Descartes, *Principes de la philosophie*, IVe Partie, § 205, *Œuvres philosophiques*, *op. cit.*, III, p. 522.
2. Kant, *Critique de la raison pure*, « De l'opinion, du savoir et de la foi », *op. cit.*, p. 1383.

de fondements objectifs et d'une conviction dogmatique et qui, en revanche, répudie avec audace tout le reste. La maxime de l'indépendance de la raison envers son propre besoin (renonciation à la foi rationnelle) s'appelle donc incrédulité; [...] fâcheux état de l'âme qui commence par enlever aux lois morales leur force de mobiles du cœur et qui parvient même, avec le temps, à leur ravir toute autorité, favorisant ainsi une manière de penser qu'on appelle libertinage, c'est-à-dire le principe de ne plus reconnaître aucun devoir[1].

Et Kant d'ajouter qu'en sapant ainsi à la base les conditions de la moralité, l'incroyance s'attire les foudres répressives de l'autorité politique, seulement soucieuse de moralité publique : « C'est ainsi que la liberté dans la pensée, quand elle s'enhardit à vouloir procéder hors des lois de la raison, finit par s'anéantir elle-même ». La raison met ainsi hors-la-loi les athées, qui n'ont finalement à s'en prendre qu'à eux-mêmes ! Kant est ici en bonne compagnie. Pour « le refus du divin », Platon prévoit « la mort, l'exil et les peines les plus infamantes » (*Politique*, 309a). Au livre X des *Lois*, il distingue deux espèces d'athées. Un séjour de cinq années dans une « maison de retour à la raison » rééduquera ceux qui « en sont venus là par l'effet de la déraison, sans méchanceté de tempérament et de caractère » (909a). Les plus endurcis subiront la réclusion criminelle à perpétuité ; à la mort, leur cadavre sera laissé sans sépulture hors des murs de la cité. C'est paradoxalement dans la *Lettre sur la tolérance* (1686) que Locke en exclut les athées : « ceux qui nient l'existence d'un Dieu, ne doivent pas être tolérés, parce que les promesses, les contrats, les serments et la bonne foi, qui sont les principaux liens

1. Kant, *Qu'est-ce que s'orienter dans la pensée?*, *Œuvres*, t. II, « Bibliothèque de la Pléiade », Paris, Gallimard, p. 544.

de la société civile, ne sauraient engager un athée à tenir sa parole ; et que si l'on bannit du monde la croyance d'une divinité, on ne peut qu'introduire aussitôt le désordre et la confusion générale. D'ailleurs, ceux qui professent l'athéisme n'ont aucun droit à la tolérance sur le chapitre de la religion, puisque leur système les renverse toutes ». Le 7 mai 1794, devant la Convention, Robespierre déclare l'athéisme « lié à un système de conspiration contre la république » et propre à « démoraliser le peuple »[1].

Laissons ces conclusions sur la manière dont l'autorité politique doit traiter l'incroyance, sans oublier qu'elles ne sont pas partout devenues obsolètes ! Mais *quid* de cette *certitude* portant sur quelque chose dont je suis conscient de ne détenir aucun savoir universalisable ? Certitude non-communicable, dit Kant. Une telle chose est-elle seulement possible ? Comment puis-je dire que *moi, je suis* certain qu'il y a un Dieu, tout en m'interdisant d'affirmer qu'*il est* certain qu'il en en est ainsi[2] ? Autrement dit : comment la conscience d'une insuffisance objective de ma certitude peut-elle ne pas entamer la « fermeté de la confiance » que je place subjectivement en elle ? On peut se demander comment cette sorte de foi se tirerait de l'expérience cruciale qu'imagine Kant pour en mesurer la fermeté, le pari :

1. Robespierre, Discours du 7 mai 1794 (18 floréal an II) : *Sur les rapports des idées religieuses et morales avec les principes républicains et sur les fêtes nationales.*
2. Cette distinction de deux espèces de certitude (objective et subjective) n'est pas compatible avec la classification des modalités de la créance que propose Kant dans le cours de *Logique*. Opinion et foi y sont définies comme deux modalités de « l'assentiment incertain […] lié à la conscience de la contingence », par opposition au savoir, « lié à la conscience de la nécessité » (*Logique, op. cit.*, p. 73). Le lexique kantien n'est pas toujours d'une rigueur et d'une exactitude parfaites.

On voit souvent quelqu'un exprimer ses assertions avec une arrogance si sûre et si intraitable qu'il semble avoir entièrement banni toute crainte d'erreur. Un pari l'interdit. Il arrive parfois qu'il soit assez persuadé pour évaluer sa persuasion à un ducat, mais pas à dix. En effet, il risque bien encore le premier, mais quand il s'agit de dix, il commence à s'apercevoir de ce qu'il n'avait pas remarqué jusque-là, c'est qu'il serait pourtant bien possible qu'il se fût trompé. Représentons-nous par la pensée que nous devons parier là-dessus le bonheur de notre vie entière, alors notre jugement triomphant s'évanouit tout à fait, nous devenons extrêmement timides, et nous commençons à découvrir que notre foi ne va pas si loin[1].

La difficulté ne semble pas embarrasser Kant, qui va jusqu'à affirmer que « cette conviction pratique ou cette *croyance rationnelle morale* est souvent plus ferme que tout savoir », alors qu'« elle ne peut jamais s'élever au niveau du savoir »[2]. On se trouve alors devant cette curiosité psychologique : une conviction dont la fermeté surpasse la conscience qu'a le sujet de sa dignité épistémique. Ce qui peut encore passer quand il ne s'agit que de l'action : je me convaincs fermement, en m'embarquant dans une entreprise quelconque, de mes chances de succès. Que serait par exemple un amour qui se lancerait dans l'aventure du couple avec un niveau de confiance réglé sur la statistique des divorces ? Mais lorsqu'il s'agit de donner son adhésion à des assertions (sur Dieu, l'au-delà, la nature de l'âme, les miracles), c'est autre chose.

Reste que le croyant qui s'autorise d'une révélation surnaturelle aura autant de mal à reconnaître ici la forme

---

1. Kant, *Critique de la raison pure*, « De l'opinion, du savoir et de la foi », *op. cit.*, p. 1379.

2. Kant, *Logique*, *op. cit.*, p. 81.

de sa foi que le contenu de son *credo* dans *La religion dans les limites de la simple raison*, où Kant expose en 1793 sa philosophie de la religion. Il n'est guère étonnant que les autorités prussiennes aient surveillé de près l'enseignement que Kant dispensait à l'université de Königsberg, jusqu'à lui adresser en 1794 une sévère admonestation, assortie d'une interdiction de publier et de menaces sur sa carrière. Kant se tut, mais ne plia pas.

RÉVÉLATION ET FOI

Révélation et foi constituent, prises ensemble, le cœur du dispositif à l'œuvre dans nos traditions monothéistes : judaïsme, christianisme, islam. Ce dispositif est spécifique, et non universel : beaucoup de religions, sans doute la plupart, dans le temps de l'histoire humaine, l'ignorent complètement.

La révélation

La révélation n'est pas l'illumination soudaine, l'expérience mystique qui détermine la conversion, mais l'acte par lequel Dieu créateur se rend manifeste à sa créature humaine par certains signes. Thomas d'Aquin écrit dans la *Somme théologique* :

> Deux conditions sont requises pour la foi. L'une des deux est que les choses à croire soient proposées à l'homme, et cette condition est requise pour que l'homme croie quelque chose d'une manière explicite. L'autre condition requise pour la foi, c'est l'assentiment du croyant à ce qui est proposé[1].

1. Thomas d'Aquin, *Somme théologique* : II^a-II^{ae}, « La foi », Quest. 6, art. 1.

C'est, dit le *Catéchisme de l'Église Catholique*, « Dieu à la rencontre de l'homme »[1] : « par une décision tout à fait libre, Dieu se révèle et se donne à l'homme »[2]. La révélation prend des formes diverses. Paroles et écrits inspirés : prophéties, textes sacrés. Événements : apparitions, miracles. L'expérience mystique n'est que l'une des formes (exceptionnelle, comme l'apparition) que prend la révélation religieuse. Elle peut aussi revêtir celle du sentiment plus diffus mais plus continu d'une présence surnaturelle. La révélation n'est pas un message crypté, qu'il n'appartiendrait qu'à un savoir ésotérique de déchiffrer. Elle n'a au contraire de sens qu'à se placer au niveau d'intelligibilité de la créature. C'est, dit Marcel Gauchet, la « traduction dans notre langage des inaccessibles vérités de l'intelligence autre »[3]. Quoiqu'achevée, la révélation n'est pas complètement explicitée, ce qui justifie l'existence d'une autorité spirituelle habilitée à en délivrer l'interprétation légitime : Église et clergé (qui ont d'autres fonctions, puisqu'ils existent aussi dans des traditions religieuses sans révélation).

« La réponse adéquate à cette invitation, dit le *Catéchisme*, est la foi »[4]. Tous ne répondent pas. La révélation n'a d'effet – et donc de sens – que relativement à un choix de croire. Elle est proposée à tous, mais il incombe à chacun de la reconnaître comme telle ou de l'ignorer. Sartre le dira : si une voix s'adresse à moi, c'est

1. *Catéchisme de l'Église Catholique*, Paris, Mame-Plon, 1992, Iʳᵉ partie, Iʳᵉ section, chap. II.
2. *Ibid.*, § 50.
3. M. Gauchet, *Le désenchantement du monde*, I, III, Paris, Gallimard, 1985, p. 59.
4. *Catéchisme de l'Église catholique*, § 142.

encore à moi qu'il appartient de l'entendre comme la voix du Saint-Esprit.

Ce schéma pèche sans doute par simplisme. Dieu et l'homme ne sont pas sur un pied d'égalité. Comment se passerait-il dans la création quelque chose qui ne dépendît pas de la volonté et de l'action du créateur ? La foi peut-elle venir à l'homme sans un don de Dieu : la grâce ? Cette thèse est canonique dans les religions révélées[1], et Rousseau y voit l'absolution de l'incroyant par la religion même. L'*inspiré* s'adresse au *raisonneur* dans la *Profession de foi du vicaire savoyard* : « O cœur endurci ! La grâce ne vous parle point. – Ce n'est pas ma faute, lui répond le *raisonneur* ; car, selon vous, il faut déjà avoir reçu la grâce pour savoir la demander ». Ce problème du rapport des volontés divine et humaine est un abîme théologique. Mais sa solution pourrait toutefois n'être pas d'une importance décisive. On peut bien discuter pour savoir si la volonté humaine est douée d'une efficace propre, ou bien s'il faut admettre avec Malebranche qu'« il n'arrive rien dans les créatures que Dieu ne fasse en elles »[2]. Mais quel prêtre, quel théologien, a jamais attendu qu'on réponde à cette question pour exiger que chacun entende le message de la révélation et prenne le chemin de la foi ? Les plus farouches défenseurs de la prédestination sont aussi les plus virulents des prédicateurs. Dieu exige de nous la soumission à sa volonté, l'obéissance aux commandements, la fidélité à l'Église : nul ne soutiendrait que ces obligations n'incombent pas à l'homme pour la raison que c'est la grâce divine qui agit en lui lorsqu'il accepte de s'y soumettre. Il faut accorder

---

1. Paul aux Éphésiens (II 8) : « C'est par grâce que vous avez été sauvés par la foi ; elle est en effet un don de Dieu ».
2. Malebranche, *Traité de morale*, I, VIII, vi, « Bibliothèque de la Pléiade », Paris, Gallimard, 1992, p. 494.

aux théologiens que la foi est un mystère, et que le mystère
ne réside pas seulement dans ce que la foi doit croire, il
est la foi elle-même, en tant que vient s'y refléter un mystère
plus profond : la conciliation de la liberté humaine et de
la toute-puissance divine.

Nature de la foi

Au sens propre, la révélation est à prendre ou à laisser.
A la foi celui qui choisit de prendre. Mais que signifie ce
choix ? Une chose au moins est claire : si la notion de *foi*
a un sens et un contenu déterminés, « avoir la foi » doit se
distinguer des autres significations du verbe « croire ». Par
exemple de l'opinion fondée sur la conscience d'une
probabilité : on ne croit pas que Dieu existe comme on
croit que les champignons vont pousser, parce qu'il a plu
et qu'il fait chaud. Un croyant n'accorderait sans doute
pas à Richard Dawkins que « l'existence de Dieu est une
hypothèse scientifique comme une autre. Même si elle est
difficile à tester de façon pratique, elle appartient à la même
catégorie […] que les controverses sur les extinctions du
Permien et du Crétacé ». Pas étonnant, dirait-il, que cette
citation soit tirée d'un livre intitulé *Pour en finir avec
Dieu*[1] !

« Foi » vient du latin *fides*, qui a donné « fidèle », mais
aussi « confiance ». La parenté étymologique n'autorise
pas à les confondre. On appelle confiance une certaine
disposition favorable qui incite à s'en remettre à une
personne pour des choses qui nous importent. Je fais
confiance à un proche (parent, collègue) ou même à un
inconnu, sur la base d'un certain nombre de raisons : des

---

1. R. Dawkins, *Pour en finir avec Dieu*, trad. fr. M.-F. Desjeux-Lefort,
Paris, Perrin, 2009, p. 65-70.

qualités avérées (mon fils est prudent, je lui confie ma voiture) ; des titres officiels (le médecin et le guide de montagne ont obtenu un diplôme très sélectif au terme d'une rude formation : je leur confie ma santé, voire ma vie) ; une expérience (je suis fidèle au commerçant qui m'a toujours bien servi) ; la garantie d'une autorité (j'achète « en confiance » l'appareil qui porte un label). La confiance peut bien entendu se tromper ou être abusée, mais il n'est de confiance que motivée par des données positives et fondée, directement ou indirectement, dans l'expérience. Ce n'est pas que des raisons ne puissent venir à l'appui de la foi, mais toujours elle doit, pour mériter ce nom, croire *au-delà* des raisons *suffisantes*, et toujours plus ou moins *contre* certaines raisons. J'ai confiance dans les qualités morales de quelqu'un sur le témoignage de sa conduite. Mais pour avoir foi en la bonté de Dieu, il faut surmonter le fait patent des horreurs du monde. La confiance se mérite, et s'accorde en contrepartie des titres qu'on présente. Logique de l'échange. La foi obéit à une logique du don, d'où sa parenté avec l'amour. On y reviendra.

La foi en Dieu, selon saint Augustin, n'exigerait rien d'autre que celle que nous plaçons en nos amis, dont les dispositions envers nous échappent à toute perception sensible[1]. C'est un sophisme, et assez grossier. Car si je ne vois, n'entends ni ne touche les sentiments de mes amis à mon égard, je les vois, eux, entends ce qu'ils me disent et sens le cas échéant la façon dont ils me touchent (quand ils prennent soin de moi, par exemple), tout cela *directement*.

Pascal voudrait justifier la foi, comme mode d'adhésion de l'esprit, par cette réflexion que « personne n'a d'assurance, hors de la foi, s'il veille ou s'il dort, vu que

---

1. Augustin, *De la foi aux choses qu'on ne voit pas*, I, 2 et 3.

durant le sommeil on croit veiller aussi fermement que nous faisons »[1]. Mais quoi! J'ai vingt raisons *directes* de faire confiance à ma conscience, à mes sens, à la teneur de mon expérience présente, aux autres, qui me confirment dans ma conviction d'être bien éveillé. Que ces raisons ne soient pas en toute rigueur *absolument* suffisantes, c'est l'argument des sceptiques contre la réalité du monde extérieur. Mais qui a-t-il jamais fait douter de cette réalité?

Augustin et Pascal encore, voudraient que parce que l'aléatoire préside aux voyages en mer, nous ne fassions plus de l'incertitude des dogmes religieux une raison de nous en détourner[2]. C'est ignorer deux différences. La première : qu'il ne revient pas au même de s'engager dans une entreprise humaine et d'adhérer à une doctrine métaphysique. La seconde : qu'on peut juger raisonnable de se confier à un vaisseau et un équipage réputés fiables, tandis qu'Augustin et Pascal nous demandent d'acquiescer à des assertions hautement problématiques au regard de nos convictions rationnelles les mieux établies : Trinité, Incarnation, Résurrection, Présence réelle, miracles, etc. Car comme le dit Rousseau s'adressant à l'archevêque de Paris : « Quiconque dit qu'il croit absolument tout ce qu'on nous enseigne et qu'il le croit sans y voir la moindre difficulté, est à coup sûr un menteur ou un sot. Il y a des menteurs qui disent croire, et des imbéciles qui croient

1. Pascal, *Pensées*, LG 122 ; Br 662 ; L 113.
2. Augustin, *Sermon 70 : De verbis Domini* et Pascal, *Pensées*, LG 494 ; Br 420 ; L 454. Un argument semblable est développé par Joseph Butler dans l'*Analogie de la religion naturelle et révélée avec la constitution et le cours de la nature* : « Le cours naturel des choses nous met sans cesse dans la nécessité d'agir dans nos affaires temporelles, d'après des preuves semblables à celles qui établissent la vérité de la religion » (cité par É. Bréhier, *Histoire de la philosophie*, Paris, P.U.F., 1981, t. II, p. 289).

croire »[1]. Au point qu'un Voltaire en tire la définition même de la foi : « La foi consiste à croire, non ce qui semble vrai, mais ce qui semble faux à notre entendement »[2]. Il va de soi qu'aucune de ces trois citations ne vaut réfutation de la foi religieuse. Elles n'en indiquent pas moins un élément essentiel de sa définition, qu'énonce Bertrand Russell : « La foi veut dire croire une proposition quand il n'y a pas de bonne raison de la croire. Cela peut être considéré comme une définition de la foi »[3]. *Mystère* est le nom de cette sorte de propositions. Il n'est pas sûr que la distinction que propose Locke entre propositions « *au-dessus de la raison* » et propositions « *contraires à la raison* » (*Essai*, IV, XVII, § 23 et XVIII, § 7 & 8) suffise à aplanir les difficultés.

Le cercle de la foi

Plus encore qu'*invitation* à la foi, la révélation est *convocation* : Dieu « convoque tous les hommes » (*Catéchisme*, § 1). La révélation crée une obligation. S'y soustraire est une faute. Mais aucune autorité ne saurait m'imposer une obligation sans exhiber les titres qu'elle a à le faire. L'autorité qui intime cette obligation (l'Église) la justifie : il faut adhérer à la révélation parce qu'elle vient de Dieu. « Obéir (*ob-audire*) dans la foi, c'est se soumettre librement à la parole écoutée, parce que sa vérité est garantie

---

1. Rousseau, *Lettre à Monseigneur de Beaumont. Fragments préparatoires*, 13, Lausanne, L'Âge d'homme, 1993, p. 152. Le destinataire de la lettre est celui qui avait, quand l'*Émile* et le *Contrat social* étaient brûlés à Paris et leur auteur contraint de s'enfuir, publié un *Mandement* portant condamnation des thèses religieuses de Rousseau.

2. Voltaire, *Dictionnaire philosophique*, article « Foi », t. II, Paris, Garnier-Flammarion, 1964, p. 195.

3. Russell, *The existence and nature of God*, cité par J. Bouveresse, *Que peut-on faire de la religion ?*, Marseille, Agone, 2011, p. 107.

par Dieu, la Vérité même » (*Catéchisme*, § 144). Cette révélation passe essentiellement (mais non exclusivement) par l'Écriture sainte, et « *Dieu est l'Auteur de l'Écriture Sainte* » (*Catéchisme*, § 105). Nous voilà dans le « cercle » qu'évoque Descartes dans l'Adresse des *Méditations* (*Decano et doctoribus*). Cercle à l'évidence vicieux : c'est l'objet même de la foi – Dieu – qui est censé fonder l'obligation de croire en lui.

Pour qu'il n'y ait pas cercle, il faudrait que le contenu signifiant de la révélation porte quelque garantie intrinsèque de son origine. Ce qui n'est pas le cas, et ne pourra jamais l'être. Car la révélation s'inscrivant, comme ensemble de signes, dans la nature (au sens large : le monde), elle ne saurait témoigner par sa propre force de son caractère surnaturel. Verrait-on le Soleil s'arrêter, et pourquoi pas Dieu en personne apparaître à travers les nuages, il faudrait encore établir qu'aucune cause naturelle (ou une autre cause surnaturelle que Dieu : le Diable, par exemple ; ou même un *autre* dieu !) ne peut produire ces effets. « Après avoir prouvé la doctrine par le miracle, il faut prouver le miracle par la doctrine, de peur de prendre l'œuvre du démon pour l'œuvre de Dieu » dit Rousseau[1].

La révélation appelle donc un *acte* de foi : la volonté de celui qui croit décide qu'il faut croire et de ce qu'il faut croire. Décider de croire, c'est assumer ce cercle dans lequel révélation et foi se justifient mutuellement. Par où la foi devient méritante. Thomas d'Aquin cite Grégoire le Grand : « La foi n'a plus le mérite de l'épreuve lorsque l'humaine raison lui fournit des preuves »[2].

---

1. Rousseau, *Lettre à Monseigneur de Beaumont, op. cit.*, p. 114.
2. Thomas d'Aquin, *Somme théologique*, II^a-II^{ae}, Quest. 2, art. 10.

Foi et connaissance : la religion naturelle

Il existe une tentative pour assumer la religion, mais sans le cercle : la religion naturelle. Pour les religions révélées, « Le *motif* de croire n'est pas le fait que les vérités révélées apparaissent comme vraies et intelligibles à la lumière de notre raison naturelle. Nous croyons "à cause de l'autorité de Dieu même qui révèle et qui ne peut ni se tromper ni nous tromper" » (*Catéchisme*, § 156). La volonté de rompre ce cercle est le sens même de la religion naturelle. L'adjectif suggère qu'on pourrait peut-être se passer de la révélation, puisque les facultés naturelles de l'homme suffisent à le conduire à Dieu. La religion de Rousseau n'est pas une foi, en dépit du titre de la *Profession de foi du vicaire savoyard*, parce que Dieu, dans l'ordre de l'univers ne se *révèle* pas mais se *manifeste*. « Je n'ai point rejeté la révélation », rétorque Rousseau à Christophe de Beaumont. Mais dans la religion du vicaire, ce qui peut être conservé de la révélation est justement ce qu'il n'importe guère de croire. Il n'est plus nécessaire que l'Église nous parle d'un Dieu dont l'œuvre dévoile à nos facultés naturelles : intelligence et sentiment, ce qu'il importe que nous sachions de lui.

La religion naturelle veut convertir la foi en connaissance. Et pour cela est en général insupportable aux religions révélées. Athéisme ou déisme, dit Pascal, « deux choses que la religion chrétienne abhorre presque également »[1]. Bien des hérésies du christianisme procèdent de la tentative de trouver une solution rationnelle aux mystères (au premier rang desquels la double nature : humaine et divine, du Christ) ; c'est le principe même de la religion naturelle, qui veut échapper au cercle mystérieux de la foi, et pour

1. Pascal, *Pensées*, LG 419 ; Br 556 ; L 449.

cela subordonne les mystères du dogme à leur interprétation rationnelle, quand elle ne les congédie pas purement et simplement.

Une religion révélée ne peut être qu'une religion surnaturelle. Mais si la foi est une confiance placée au-delà des raisons de faire confiance, elle n'est pas compatible avec l'état de connaissance. Dès lors que je sais, il n'y a plus lieu de croire, en aucun sens du mot. « Nous cheminons dans la foi, écrit saint Paul, non dans la claire vision »[1]. C'est pourquoi Augustin affirme que foi et espérance passeront (quand nous saurons, après la mort), alors que l'amour ne passera jamais : voir Dieu nous le fera aimer plus encore. C'est aussi pourquoi Thomas d'Aquin, rappelant cette phrase de Paul : « La foi est une assurance de ce qu'on ne voit pas »[2], nie que le Christ ait eu la foi, étant Dieu[3]. La foi tient en l'homme à l'imperfection et à la finitude.

Elle est acte et décision en ce qu'elle va toujours *au-delà* des raisons naturelles de croire. La volonté du croyant a toujours au moins un pas à faire en direction de Dieu, que ne peut justifier aucune raison suffisante. Les religions révélées sont l'affirmation-même de cette nécessité pour autant qu'elles contiennent des mystères. « Les choses étonnantes » ou « contradictoires et impossibles », voilà, dit Voltaire[4], le domaine de la foi. Déterminée par des raisons *suffisantes*, auxquelles on ne peut refuser l'assentiment (comme une démonstration rationnelle), la foi devient connaissance, et s'anéantit en tant que telle.

---

1. Paul, IIe *Épître aux Corinthiens*, V, 7.

2. Paul, *Épître aux Hébreux*, XI, 1.

3. Thomas d'Aquin, *Somme théologique*, IIIa, Quest. 7, art. 3.

4. Voltaire, *Dictionnaire philosophique*, article « Foi », *op. cit.*, p. 195.

De là la tentation de regarder la foi comme l'acte gratuit (le don) de cette liberté même. C'est le fidéisme, ou la foi poussée à son paroxysme.

Fidéisme. Le saut et le pari.

L'idée est ancienne. On pourrait la faire remonter à la théorie de la double vérité de l'averroïsme latin (combattue par Thomas d'Aquin et Raymond Lulle). Elle peut s'autoriser du fameux (quoiqu'apocryphe) « *Credo quia absurdum* » (je crois parce que c'est absurde) de Tertullien (160?-220?). Le texte exact du *De carne Christi* (V, 4) est différent, mais ne dit pas autre chose : « le fils de Dieu est mort, cela est croyable parce que c'est déraisonnable. Il est ressuscité après avoir été enseveli : c'est certain, parce que c'est impossible »[1]. Critiquant les prétentions de la raison humaine dans son *Apologie de Raymond Sebond*, Montaigne s'en souviendra : « Il s'en faut tant que nos forces conçoivent la hauteur divine, que des ouvrages de notre créateur, ceux-là portent mieux sa marque, et sont mieux siens, que nous entendons le moins. C'est aux Chrétiens une occasion de croire, que de rencontrer une chose incroyable : elle est d'autant plus selon raison, qu'elle est contre l'humaine raison »[2]. Ce fidéisme est typique d'une époque où le scepticisme n'est pas encore passé du côté de la critique de la religion, comme il fera au siècle suivant avec les Libertins.

---

1. Sans doute afin d'atténuer ce que le propos pouvait avoir d'excessif, on a soutenu que Tertullien évoquait le principe selon lequel les menteurs s'efforçant toujours d'être crédibles, l'invraisemblance d'un récit plaidait paradoxalement en faveur de son authenticité. Mais rien, dans le texte, n'étaye cette interprétation.
2. Montaigne, *Essais*, II, 12, *op. cit.*, p. 525.

Déisme et théisme, se scandalisant des mystères, tentaient de revenir à une foi intelligible. Le fidéisme assume l'incompréhensible, qui y gagne le sens d'une provocation à croire, d'un défi lancé à l'homme. Au jeune homme riche qui lui demande : « Maître, que dois-je faire de bon pour avoir la vie éternelle ? », Jésus répond de vendre ses biens et d'en distribuer le produit aux pauvres (Matthieu, 19). On sait que le jeune homme « s'en alla tout triste, car il avait beaucoup de propriétés ». Eh bien, de même que je dois mortifier mon désir de jouissances terrestres, je dois humilier mes facultés devant Dieu.

Resurgi au début du XIXᵉ siècle chez Gerbet, Bautain, Bonnetty, le fidéisme a fait l'objet d'une condamnation par L'Église Romaine, qui détermina l'abbé Bautain à se rétracter (1844). Tout en refusant déisme et théisme rationalistes, l'Église tente de maintenir un compromis entre les deux tendances de la foi : engagement et connaissance, en évitant d'en privilégier aucune. L'encyclique *Fides et ratio* de Jean-Paul II (1998) atteste ce souci.

Que le compromis soit tenable, ce n'est rien moins que certain. Pour parodier Alain en l'une de ses plus profondes pensées, on pourrait demander s'il n'y a pas une pointe de fidéisme sans laquelle la foi périrait toute[1]. Ce que Kierkegaard appelle le « risque » de la foi : « Sans risque, pas de foi, la foi est justement la contradiction entre la passion infinie de l'intériorité et l'incertitude objective. Si je puis concevoir Dieu objectivement, alors, je ne crois pas »[2]. Prendre ce risque, c'est effectuer le fameux « saut »

---

1. « Il y a une pointe de fanatisme sans laquelle nos vérités périraient toutes » (Alain, *Définitions*, article « Fanatisme », *op. cit.*, p. 1058).

2. *Post-scriptum définitif et non-scientifique aux Miettes philosophiques*, II, section 2, chap. II, dans Kierkegaard, *L'existence. Textes choisis*, Paris, P.U.F., 1962, p. 59.

du « chevalier de la foi », qui s'élance au-dessus du vide béant des raisons suffisantes de croire.

« De Pascal à Kierkegaard, note Gilles Deleuze, on parie et on saute »[1]. Mais le saut kierkegaardien n'a rien à voir avec le pari pascalien, dont Deleuze s'empresse d'ajouter qu'il n'a aucun « sens réellement théologique ou apologétique. Car le pari de Pascal ne concerne aucunement l'existence ou l'inexistence de Dieu. Le pari est anthropologique, il porte seulement sur deux modes de l'existence de l'homme, l'existence de l'homme qui dit que Dieu existe et l'existence de l'homme qui dit que Dieu n'existe pas ».

Dialectique tragique de la foi

Tout ce qui vient d'être dit ne concerne que la foi parvenue à un certain degré de lucidité sur elle-même. Au croyant naïf, qui l'a reçue sur le mode du conditionnement passif, qui donc la vit dans l'immédiateté d'une évidence que rien ne pourrait l'amener à examiner, aucune des questions précédentes ne se pose. De celui-là, Alain refusera de dire qu'il a la foi, car « ce qui est reçu et subi n'est point foi »[2]. Ce n'est à ses yeux que croyance : « disposition involontaire à accepter »[3]. « Foi est force d'esprit, non pas

---

1. G. Deleuze, *Nietzsche et la philosophie*, I, 16. Paris, P.U.F., 1973, p. 42.

2. Alain, *Propos* du 10 juin 1930 : « L'esclave », dans *Propos sur la religion*, LXXIII, Paris, P.U.F., 1969, p. 231.

3. Alain, *Définitions*, article « Croyance », *op. cit.*, p. 1047. Et bien d'autres textes, en particulier dans les *Propos*, 18 novembre 1921 : « De la foi » (*Propos sur la religion*, XXVI) ; 17 septembre 1927 : « La foi qui sauve » ; 15 juin 1930 : « Croyance et foi » ; 5 mai 1931 : « Les ânes rouges » (Alain, *Propos*, t. 1, « Bibliothèque de la Pléiade », Paris, Gallimard, 1956, respectivement p. 736, 938 et 1014).

faiblesse d'esprit. Si j'imite, si je crains, si je me couche, ce n'est plus foi, c'est croyance »[1].

La foi ainsi comprise est plutôt l'exception que la règle. Sans parler des religions qui n'en ont même pas la notion, combien de fidèles de par le monde ont aujourd'hui la foi ? Combien échappent à la croyance, à la crédulité, à la superstition ? La question ne se pose d'ailleurs pas spécialement pour les esprits religieux, tant sont nombreux les humains qui vivent encore dans des conditions – matérielles, politiques, spirituelles – incompatibles avec la liberté de l'esprit. Au nombre de ces conditions figure la rencontre avec d'autres croyances, d'autres religions, ainsi qu'avec l'incroyance. Chez le croyant demeuré jusque-là dans l'immédiateté native de sa foi, le choc avec celle de l'autre devrait susciter « cette considération si frappante et si naturelle, que, s'il fut né dans un autre pays, dans une autre secte, il prendrait infailliblement pour l'erreur ce qu'il prend pour la vérité, et pour la vérité ce qu'il prend pour l'erreur ! »[2]. La foi a besoin, pour se penser – c'est-à-dire pour exister ! – comme telle, de s'opposer. Il faudrait dire de la foi de l'autre (ou de son absence de foi) ce qu'Éric Weil, méditant sur l'idée de tradition, dit de la tradition étrangère : elle « me tend le miroir faute duquel je ne pourrais pas connaître mon propre visage »[3]. Simone Weil tenait même l'athéisme pour purificateur de ce que la foi contient d'idolâtrie.

Et pourtant, cette foi simple, qui est aussi la foi des simples, est peut-être la foi parfaite, parce qu'adhésion absolue, inconditionnelle et sans réserve. Celle qui a

1. Alain, « L'esclave », op. cit., p. 230-231.
2. Rousseau, Lettre à Monseigneur de Beaumont, op. cit., p. 106.
3. É. Weil, « Tradition et traditionalisme », dans Essais et conférences, Paris, Vrin, 1991, t. II, p. 11.

toujours été présentée comme modèle, érigée par l'Église en archétype. Simplicité de l'enfance chez Thérèse de Lisieux. Jésus ne dit-il pas des enfants : « c'est à leurs pareils qu'appartient le royaume des cieux »[1] ? Soumission inconditionnelle d'Abraham à l'injonction de sacrifier son fils Isaac. Acquiescement de Marie, qui se déclare « l'esclave du Seigneur » sitôt instruite de son destin surnaturel. La perfection de la foi semble atteinte lorsque le croyant s'y abandonne totalement, sans réserve. « De tout son être l'homme donne son assentiment à Dieu révélateur » (*Catéchisme*, § 143). « *De tout son être* » : toute distance, toute fissure dans l'unité fusionnelle du croyant et de ce qu'il croit trahirait quelque conscience de la fragilité de sa foi. Cela renvoie à la foi qu'évoque Sartre au début des *Réflexions sur la question juive*, défendue par l'imperméabilité, l'impénétrabilité et la permanence de l'*en soi*. « Hors de la foi du charbonnier, dira Alain, tout est hérésie »[2].

C'est peut-être Nietzsche qui a le mieux décrit cette attitude (le théologien Rudolf Bultmann dit que plusieurs penseurs anti-chrétiens ont approché de plus près que bien des chrétiens l'idée vraie de la foi). Nietzsche revient sur l'idée du cercle où se vit la foi :

> Le christianisme a fait les plus grands efforts pour clore le cercle et il a déclaré que douter, c'était pécher. On doit contre toute raison être jeté dans la foi par un miracle et y nager comme en l'élément le plus limpide et le moins équivoque : le moindre regard vers la terre ferme, la pensée qu'on n'est peut-être pas là à seule fin de nager, le plus léger sursaut de notre nature amphibie, – c'est péché ! Remarquons pourtant qu'ainsi une justification

---

1. Matthieu, XIX, 14. Voir aussi, XVIII, 3.
2. *Propos* du 18 août 1908, *Propos sur la religion*, I, *op. cit.*, p. 11.

de la foi et toute réflexion sur son origine sont également exclues comme coupables. On veut l'aveuglement et le vertige, et un chant éternel sur les vagues où s'est noyée la raison ! [1].

Nietzsche n'invente ni ne déforme rien quand il dit que pour le chrétien, « douter, c'est pécher ». Le *Catéchisme* le dit (§ 2088) : « Il y a diverses manières de pécher contre la foi : Le *doute volontaire* portant sur la foi néglige ou refuse de tenir pour vrai ce que Dieu a révélé et que l'Église propose à croire. Le *doute involontaire* désigne l'hésitation à croire, la difficulté de surmonter les objections liées à la foi ou encore l'anxiété suscitée par l'obscurité de celle-ci ». On comprend que Heidegger ait pu écrire que « la foi, dans son noyau le plus intime, reste, en tant que possibilité spécifique d'existence, l'ennemie mortelle de la forme d'existence essentiellement propre à la philosophie »[2], qui consiste depuis Socrate à placer *au-dessus des contenus particuliers de la pensée* l'exigence de leur justification. Il en va de la foi comme de la tradition dont parle Éric Weil : la nommer revient déjà à la « regarder de l'extérieur ». Ceux qui nous ont transmis la tradition (« nos pères ») « n'ont jamais prononcé le mot «tradition» »[3]. On peut avoir la foi de ses pères, mais la *revendication* de « la foi de nos pères » est déjà une trahison de la manière dont nos pères vécurent leur foi. Je soupçonne une pointe d'ironie dans la manière dont Voltaire, un an après la condamnation

1. Nietzsche, *Aurore*, I, § 89, trad. fr. J. Hervier, Paris, Gallimard, 1970, p. 96.
2. Heidegger, « Phenomenologie und Theologie », *in* Wegmarken, GA, Bd. 9, p. 66, trad. fr. *La phénoménologie et la théologie* (1927) dans E. Cassirer, M. Heidegger, *Débats sur le kantisme et la philosophie* et autres textes, Paris, Beauchesne, 1972.
3. É. Weil, « Tradition et traditionalisme », *op. cit.*, p. 9-13.

des *Lettres* philosophiques, « proteste de sa soumission entière à la religion de ses pères ».

Mais imaginons ce croyant qui coïncide massivement, passivement, avec sa foi, qui *est* croyant comme il est blond ou brun, égyptien ou français. Il est davantage possédé par sa foi qu'il ne l'*a*. En quoi cette foi se distingue-t-elle de la croyance qu'Alain opposait plus haut à la « vraie » foi : « Librement et virilement croire, si l'on décide de croire »[1] ? Et vaut-elle davantage qu'une adhésion consentie sous le poids d'un conditionnement ou d'un endoctrinement ? Ce croyant ne sait pas qu'il croit, il croit plutôt qu'il sait.

Il semble maintenant qu'à l'opposé, la perfection de la foi soit inséparable d'une *conscience* de la foi, c'est-à-dire d'une conscience de *n'être que foi*, condition pour qu'elle puisse se vouloir telle et par là être libre. Qu'il n'y ait de vraie foi qu'à condition qu'elle « cherche en gémissant » la vérité, qu'elle soit pour le croyant « objet d'indéfinie approximation »[2] ? Quel croyant est sûr de croire ce qu'il faut, comme il faut ? En se prétendant pure de tout doute, une foi lucide sur elle-même serait aujourd'hui *de mauvaise foi*. Mais en avouant le doute elle devient une moindre foi : hésitante, minée, rongée. Or, cette prétention *et* cet aveu semblent *au même degré* nécessaires à la foi. Telle est la dialectique, et presque le tragique de la foi, en tant qu'elle est contemporaine de la philosophie.

Au croyant lucide, quelque chose est donc devenu impossible depuis l'irruption dans le paysage religieux du double fait de la pluralité des religions, ainsi que du conflit

---

1. Alain, *Propos* du 5 juillet 1927 : « L'esprit laïque », *Propos sur la religion*, LXX, *op. cit.*, p. 221.
2. Sartre, *Réflexions sur la question juive* (1954), Paris, Folio-Gallimard, 1985, p. 21.

de la foi et de la raison : c'est une foi *simple*, qui coïnciderait entièrement avec son adhésion à ce qu'il croit. Mais cette impossibilité ne tient pas à la nature des religions révélées, qui exigent bien plutôt une foi sans mélange. Elle procède, comme le dit ici Husserl, de la pression qu'exerce sur elle, du dehors, le travail de la raison ; et spécialement de la philosophie :

> Je reconnaîtrais du reste l'exigence logique dans le fait que la religion se réclame théologiquement de l'évidence de la foi, en tant que genre propre et le plus profond de fondation de l'être vrai. Alors que les dieux nationaux sont là, de manière incontestable, en tant que faits réels du monde environnant. Avant la philosophie, on ne pose aucune question critique, aucune question ayant trait à l'évidence.[1]

L'histoire confirme cette nécessité pour la foi d'être taraudée par la raison. Marcel Gauchet a montré, dans *Le désenchantement du monde*, la concomitance, et même la complémentarité du développement de la foi monothéiste et de l'émergence de la pensée rationnelle. « Dans la foi, il y avait un certain besoin de raison »[2]. La foi est le produit d'une lente distillation historique de la croyance au feu de la raison. Feu destructeur, qui prend à certaines époques l'allure d'un incendie ravageur : les Lumières ; qui certes ne furent pas majoritairement athées, mais du moins récusèrent toute foi en une révélation, *a fortiori* garantie par une Église. Mais feu purificateur : l'incendie ne détruit que ce qui ne méritait pas d'exister : superstition, crédulité.

---

1. Husserl, *La crise de l'humanité européenne et la philosophie*, Conférence de Vienne (7 mai 1935), I (notre traduction).
2. M. Gauchet, *Le désenchantement du monde*, *op. cit.*, p. 206.

Foi et amour

« Foi est force d'esprit », écrit Alain. Cela surprend chez un homme qui ne croyait ni à Dieu ni à Diable, et qui raconte en ces termes la manière dont il perdit la foi : « [...] deux ou trois ans plus tard, je ne trouvais plus en moi la moindre trace de cette religion si sincère, sans que je puisse dire comment ce changement s'est fait. Peut-être la peur a-t-elle cessé de régner quand les muscles ont pris force. [...] La religion s'en alla de moi en même temps que la peur »[1]. C'est avouer que « cette religion si sincère » n'était en réalité que croyance, reçue comme le baptême dans une enfance qui « ne fut que bêtise ». Devenu philosophe, Alain se fit un devoir de penser les religions, et de les penser philosophiquement. C'est-à-dire en les confrontant à ce qui est pour tout philosophe, même athée (il l'était), même matérialiste (il ne l'était pas), la valeur suprême : l'esprit. Au regard de cette norme, c'est le christianisme qui recèle la vérité la plus haute, parce que la couronne d'épines et le dieu en croix sont les symboles du refus d'accorder respect à la puissance. Seule est respectable la volonté libre, qui s'exerce précisément dans la foi, « volonté de croire, sans preuve et contre les preuves, que l'homme peut faire son destin »[2]. Cette volonté souverainement libre où se rencontrent les héritages stoïcien et cartésien, est dans le *sujet* humain la source de l'acte de foi : « le donjon de la foi, son dernier réduit, c'est la liberté même ». Elle est aussi en l'autre l'*objet* de cette décision de croire : « il faut croire aussi au semblable et le supposer digne d'être instruit et capable de liberté. Cette foi s'appelle charité », et c'est bien entendu l'amour chrétien du prochain,

---

1. Alain, *Histoire de mes pensées*, « Enfance », dans *Les arts et les dieux*, *op. cit.*, p. 6.
2. Alain, *Définitions*, article « Foi », *op. cit.*, p. 1060-1061.

dû aux ennemis même. Mais elle est à l'œuvre aussi dans cette forme de l'amour qu'est le couple. Le discours convenu sur la fatalité des passions est faible. Les premières émotions de l'état amoureux, qu'effectivement nul ne choisit, feront long feu si elles ne sont reprises par le serment de ne pas écouter les raisons – il y en a cent ! – de penser que l'amour cessera : « On veut croire ce dont on pourrait douter ».

Un modèle d'une telle foi est chez Hugo l'évêque Bienvenu qui, au début des *Misérables*, offre à Jean Valjean une hospitalité que toute la ville de Digne refuse à cet homme tout juste libéré du bagne. L'évêque lui réitère sa confiance quand le vol dont Jean Valjean a récompensé son accueil lui commanderait de la retirer. Pur acte d'amour évangélique, au-delà même du devoir de justice auquel les habitants de Digne ont manqué en refusant le gîte à un homme qui en avait besoin et qui ne demandait qu'à le payer.

En plaçant librement sa foi en Jean Valjean, l'évêque s'adresse réciproquement à une liberté dont l'ancien bagnard était dépossédé. Après l'avoir enfermé dix-neuf ans au bagne, la société assignait Jean Valjean à son statut d'ancien forçat, fermant toute possibilité de rédemption. L'évêque rend à Jean Valjean sa liberté en effaçant ces déterminations ; à quoi Jean Valjean répondra par un acte de liberté : sa conversion au bien. Cette liberté est attestée par un détail du roman auquel on ne fait pas souvent attention.

Un événement survient en effet peu après le pardon de l'évêque : à un enfant sans défense, Jean Valjean vole une pièce de quarante sous. Pure méchanceté : l'évêque lui a donné, outre son pardon, son argenterie ; Jean Valjean n'a nul besoin de ce vol. Il a fait le mal pour le mal, immédiatement après le geste de Monseigneur Bienvenu. Faut-il en conclure que l'effet n'en est pas immédiat ? Que le passé du bagnard résiste à la conversion de son âme ? Ce serait supposer un mécanisme et le pardon de l'évêque intervenant comme une force. Mais aucun déterminisme psychologique ne conduit Jean Valjean sur la route du bien. Au contraire, le pardon de l'évêque rompt les déterminismes qui pesaient sur l'ancien forçat, et fait un Jean Valjean tout neuf. On ne change point une âme. Une âme *se* change, et cet épisode du vol n'est là que pour le montrer : il faut qu'*après* que l'évêque lui a pardonné, Jean Valjean reste disponible pour le mal, et libre devant sa responsabilité. Le pardon ne terrasse pas les mauvais penchants du bagnard, il ouvre à Jean Valjean un espace de liberté – qu'on lui refusait jusque-là – pour se choisir vraiment.

Qu'il s'agisse d'aimer, d'instruire un enfant ou de défendre justice et paix, la foi dont parle Alain porte toujours sur l'humain et sur sa liberté, jamais sur quelque réalité surnaturelle. C'est une résolution à agir afin d'actualiser autant qu'on le peut une possibilité humaine. Ce n'est jamais la croyance à une idée reconnue comme vraie, encore moins à une doctrine. L'homme de paix ne croit pas que ceux qui disent qu'il va y avoir la guerre ont tort. C'est même peut-être ce qu'il est tenté de penser lui-même. Mais il pense que ceux qui le disent ont tort de le dire et plus encore de régler leur conduite sur cette croyance, qui ne deviendra vraie que pour avoir été celle de la majorité. Le maître s'interdira de penser que l'élève est incapable et l'amant que l'amour ne tiendra pas. Mais croire au succès de l'entreprise, ce n'est pas faire un pronostic ; « un serment n'est pas une prophétie [...]. On ne jure point d'être, on jure de faire et de vouloir »[1] ce qui doit être fait pour que

1. Alain, *81 Chapitres sur l'esprit et les passions*, VII, 3 : « Du mariage », « Bibliothèque de la Pléiade », *Les passions et la sagesse*, Paris, Gallimard, 1960, p. 1246.

l'amour continue ; pour que l'enfant s'accomplisse, pour que dure la paix. C'est « oser vouloir. Oser croire que l'on peut vouloir », au présent. Enfin, cette foi n'est pas donnée définitivement, une fois pour toutes. Elle est révisable. Il est permis de la perdre. Ce qui n'est jamais le cas de la foi dans les dogmes religieux, qui porte sur des vérités auxquelles l'autorité exige une adhésion définitive. Jusqu'à punir quelquefois de mort les apostats. « La foi est courage ». Alain n'hésite pas à parler du « courage d'aimer ».

CHAPITRE V

LA CROYANCE
ENTRE INTELLECT ET AFFECTIVITÉ :
LA CONTROVERSE CLIFFORD-JAMES

« Soyez toujours prêts, dit saint Pierre, à répondre de façon satisfaisante à toute personne qui vous demandera raison de cette foi et de cette espérance que vous avez en vous »[1]. L'apôtre résume en cette injonction toute la tragédie de la foi dont il vient d'être question. S'il est vrai que « quiconque ne reçoit pas le royaume de Dieu comme un petit enfant n'y entrera pas » (Luc, XVIII, 17), « répondre de façon satisfaisante » est bien la chose dont la vraie foi, la foi authentique est le moins capable ! Imagine-t-on Thérèse de Lisieux ferraillant avec des libres-penseurs ? Elle ne doit qu'à l'humilité qui se dégage de ses écrits son titre de Docteur de la foi. Thomas d'Aquin le tient de la puissance intellectuelle de son œuvre théologique. Une face de la foi, celle de l'« enfance spirituelle », appelle l'autre : celle de la théologie savante, qui fournit ses armes à l'entreprise apologétique de l'Église militante. La première prêche par l'exemple, qui peut prétendre à une force de *persuasion*. La seconde par l'argumentation dialectique,

---

1. 1er Épître de Pierre, 3, 15. Cité par Thomas d'Aquin, *Somme théologique*, IIa-IIae, Quest. 2, art. 10.

seule à même de déterminer une *conviction*. Car à l'esprit qui « demande raison », l'exemple ne suffit pas. Ce qu'il attend du croyant, ce sont *des raisons*. En termes kantiens : des motifs « objectivement suffisants » pour accorder foi à un corps de doctrine. Il veut des *preuves*, ou du moins de solides arguments. Apologétique et théologie n'en sont pas avares. La philosophie s'est même fait fort de produire des *démonstrations* : la preuve *a priori* de l'existence de Dieu, celle de Descartes à la Ve *Méditation métaphysique* (dite depuis Kant « preuve ontologique »), prétend au même niveau d'apodicticité que le raisonnement formel du mathématicien. Ce qui valut à l'auteur du *Discours de la méthode* de figurer à l'Index des livres prohibés pas l'Église : il faut une foi bien suspecte pour désirer la soutenir par la force contraignante des démonstrations !

Cet arsenal d'arguments, preuves et démonstrations n'a cessé, à mesure qu'on le forgeait, de subir les assauts de la critique sceptique. Celle-ci n'était pas toujours à visée antireligieuse. Chez Montaigne ou Pascal – et Kant ! – elle s'exerce même *ad majorem gloriam Dei*. Mais dès le XVIIIe siècle, c'est au nom de la raison et de la science que s'est pour l'essentiel mené le combat contre les dogmes révélés, conduisant de fait à un affaiblissement progressif de leur prégnance.

Mais au dernier quart du XIXe siècle, une controverse survient, dont l'intérêt est de changer les termes dans lesquels se pose le problème des rapports entre la croyance d'un côté, la raison et la science de l'autre. Il ne s'agit plus de décider si nos croyances – notamment religieuses – peuvent passer avec succès l'épreuve de l'examen rationnel et résister aux objections fondées sur les connaissances scientifiques. On veut savoir si c'est à l'aune de ces dernières : raison et science, et d'elles seules, qu'il convient de juger de notre droit à adopter telle croyance et de l'obligation de rejeter telle autre. Autrement dit, on remet en cause l'exclusivité accordée au critère de la preuve par ceux qui en ont fait une arme contre la foi religieuse. Dans un essai de 1877 : *L'éthique de la croyance*, le mathématicien et philosophe anglais William Clifford (1845 – 1879) soutient qu'« on a tort, partout, toujours et qui que l'on soit, de croire quoi que ce soit sur la base d'éléments de preuve insuffisants ». Vingt ans plus tard, William James (1842 – 1910) entreprend de le réfuter dans *La volonté de croire*[1] : une croyance est parfaitement fondée à s'autoriser des désirs inhérents à notre nature sensible.

La question devient : « rendre raison » de sa croyance « de façon satisfaisante » suppose-t-il de l'assortir de preuves ? Ou bien un désir, une inclination de nature affective peuvent-ils suffire à en fonder la légitimité ? Autrement dit, une *bonne* raison de croire doit-elle nécessairement être une raison *rationnelle* ? La croyance religieuse n'est pas directement l'objet de la controverse, mais elle devient centrale dans la réplique de James.

CLIFFORD : DÉFENSE DE LA NORME INTELLECTUALISTE EN MATIÈRE DE CROYANCE

Nietzsche demande : « le *plaisir* serait-il jamais une preuve de la vérité ? Si peu, qu'on a presque la preuve du contraire, en tout cas qu'on éprouve le plus vif soupçon à l'encontre de la vérité lorsque les sensations de plaisir ont voix au chapitre sur la question "qu'est-ce qui est vrai ?" ».

---

1. *The Ethics of Belief* de Clifford et *The Will to Believe* de James, sont disponibles ensemble dans une traduction due à Benoît Gaultier, sous le titre : *L'immoralité de la croyance religieuse*, Marseille, Agone, 2018.

Et Nietzsche de conclure (outrepassant ses propres principes) : « la foi rend heureux : *par conséquent* elle ment... »[1]. De même, André Comte-Sponville : « l'espérance n'est pas un argument. Mieux, ou pire, elle est un argument négatif. Ce que nous espérons, en effet, nous avons tendance à le croire, et c'est en quoi l'espérance – en l'absence de preuve décisive – rend toute croyance suspecte »[2]. Freud, dans *L'Avenir d'une illusion*, ne disait pas autre chose. On objectera que tous ceux-là sont athées. Mais Bossuet : « Le plus grand dérèglement de l'esprit, c'est de croire les choses parce qu'on *veut* qu'elles soient, et non parce qu'on a vu qu'elles sont en effet »[3]. Mais Pascal : « Tout ce qu'il y a d'hommes sont presque toujours emportés à croire non pas par la preuve, mais par l'agrément. Cette voie est basse, indigne et étrangère : aussi tout le monde la désavoue. Chacun fait profession de ne croire et même de n'aimer que s'il sait le mériter »[4].

L'interdiction de Clifford – que James nomme le « sceptique » ou le « scientiste » – ne porte pas sur le contenu de ce qui est cru, mais sur la forme de la croyance :

---

1. Nietzsche, *L'Antéchrist*, § 50, trad. fr. É. Blondel, Paris, Garnier-Flammarion, 1994, p. 109-110. Nietzsche oublie en effet ce qu'il écrivait en 1878 dans *Humain, trop humain* (§ 30. *Mauvaises habitudes de raisonnement*, Paris, Folio-Gallimard, 1968, p. 57) : « L'esprit libre, qui n'a que trop souvent à connaître de ce vice de raisonnement et à souffrir de ses conséquences, succombe fréquemment à la tentation de faire les déductions contraires qui, naturellement, sont en général tout aussi paralogiques : une chose ne peut pas s'imposer, donc elle est bonne ; une opinion rend malheureux, inquiète, donc elle est vraie ». Ajoutons : une opinion rend heureux, donc elle est fausse.

2. A. Comte-Sponville, « La Morale, désespérément », dans *Une Éducation philosophique*, Paris, P.U.F., 1989, p. 151.

3. Bossuet, *Traité de la connaissance de Dieu et de soi-même*, Paris, Librairie Hachette et Cie, 1863, p. 36.

4. Pascal, *De l'esprit géométrique, op. cit.*, p. 413.

« Une croyance est correcte ou incorrecte en fonction de son origine et non pas en fonction de ce qui est cru ; de la manière dont elle a été acquise et non pas de son contenu ; du droit qu'on avait ou non de la former sur la base des éléments de preuve (*evidence*) dont on disposait et non pas de sa vérité ou de sa fausseté »[1]. En l'absence de tels éléments, la suspension de jugement s'impose, en vertu du principe qu'« aucune croyance d'un homme n'est jamais une simple affaire privée qui ne concernerait que lui » ; elle est au contraire « d'une grande importance pour d'autres hommes » dans la mesure où elle détermine son action. Celui qui se dispense pour croire de « preuves suffisantes » manque donc à une « obligation universelle » envers l'humanité présente et future, car nous avons « le terrible privilège et la terrible responsabilité de devoir contribuer à créer le monde dans lequel vivra notre postérité »[2]. On voit que l'idée d'une éthique de la croyance ne relève pas chez Clifford (comme par exemple chez Comte-Sponville) d'une exigence relative à la dignité de l'esprit, mais bien d'un impératif pratique. Sa perspective est celle d'une éthique conséquentialiste de la responsabilité.

Clifford est évidemment tenu de préciser ce critère de « suffisance » des preuves, et s'y emploie dans les deux derniers tiers de l'essai. Mais la notion d'« éléments de preuve insuffisants » est en soi problématique. Le sceptique s'astreindra-t-il en toutes choses à cette exigence de connaissance ? C'est impossible. Nul n'échappe à la nécessité de croire, pour des raisons pratiques imposées par l'action. Qui voudrait toujours asseoir son action sur un savoir, jamais ne voterait, ne se marierait ni n'achèterait

1. W. Clifford, *The Ethics of Belief, op. cit.*, p. 3.
2. *Ibid.*, p. 7.

un bien immobilier. Admettons même une croyance déterminée par des « éléments de preuve suffisants », en quoi différerait-elle d'un savoir ? Clifford le voit bien, et quoiqu'il ne le formule pas aussi explicitement, son principe doit s'énoncer ainsi : il est permis de croire ce qui se présente à l'esprit accompagné de raisons de l'admettre *significativement plus fortes* que les raisons de le rejeter, ou que les raisons accompagnant une hypothèse rivale.

Comme Pascal, William James admet pour chacun un devoir « de ne croire et même de n'aimer que s'il sait le mériter ». Simplement, il demande à quelles conditions quelque chose *mérite* d'être cru. Pour lui, ces conditions ne sont pas seulement d'ordre intellectuel.

JAMES : OBJECTIONS AU PRINCIPE INTELLECTUALISTE ET RÉHABILITATION DU CRITÈRE AFFECTIF

Comme on l'a vu plus haut (*cf.* OPINION ET PROBABILITÉ), nos choix en matière de croyances religieuses ont un caractère particulier. Ils s'opèrent entre des hypothèses que James appelle *vivantes*, c'est-à-dire susceptibles de déterminer nos actions. Ces choix sont *obligés* puisqu'en dépend notre façon de vivre. Enfin, ils sont *importants*, parce qu'un mauvais choix expose à des conséquences d'une extrême gravité : « nous sommes supposés, et cela dès à présent, gagner ou perdre un certain bien vital selon que nous croyons ou non »[1]. L'enjeu est une éternité de bonheur pour les élus, ou au contraire de souffrances pour les damnés. Pascal avait déployé toutes les ressources de son art rhétorique pour souligner cet aspect et fustiger « ceux qui vivent sans songer à cette dernière fin de la

---

1. W. James, *La volonté de croire*, X, Marseille, Agone, 2018, p. 78.

vie ». Il concluait : « L'immortalité de l'âme est une chose qui nous importe si fort, qui nous touche si profondément, qu'il faut avoir perdu tout sentiment pour être dans l'indifférence de savoir ce qui en est »[1].

Bref, il faut opter. Bien sûr, on peut se réfugier dans l'agnosticisme, dont il faut rappeler qu'il ne consiste pas à être privé d'une connaissance à laquelle, en ces matières, nul ne peut en toute rigueur prétendre ; l'agnostique n'est pas celui qui ne sait pas, c'est celui qui fait de cette ignorance une raison de n'opter pour aucune croyance. Mais ici, l'attitude sceptique n'offre qu'une fausse échappatoire « car bien que par ce moyen nous évitions l'erreur *au cas où la religion serait fausse*, nous perdons tout aussi certainement que si nous choisissions positivement de ne pas croire le bien que celle-ci nous promet *au cas où elle serait vraie*. [...] Le scepticisme ne consiste donc pas à éviter toute option, mais à opter pour un type particulier de risque »[2].

Cette introduction d'un enjeu vital comme critère décisif de la croyance est caractéristique du pragmatisme de William James, qui non seulement refuse de réduire la question de la vérité à sa dimension strictement épistémique, mais fait de l'utilité, donc de la « satisfaction », l'*essence* même de la vérité : « Je définis le vrai, écrit James, comme ce qui procure une combinaison maximale de satisfactions »[3] ; « la vérité concrète *pour nous* sera toujours la manière de penser dans laquelle nos différentes expériences se combinent avec le plus d'avantage [...]. À chaque moment

---

1. Pascal, *Pensées*, LG 398 ; Br 194 ; L 427.
2. W. James, *La volonté de croire*, X, *op. cit.*, p. 78-79.
3. W. James, *Essais d'empirisme radical*, 11 : « Humanisme et vérité, encore une fois », trad. fr. G. Garréta et M. Girel, Paris, Flammarion, 2005, p. 188.

déterminé, la vérité pour chaque homme est ce en quoi cet homme a foi, à ce moment-là, avec le maximum de satisfaction pour lui-même »[1]. De sorte que « selon les principes du pragmatisme, si l'hypothèse de Dieu marche (*works*) de façon satisfaisante, au sens large du terme, elle est vraie »[2]. Or, c'est tout à fait le cas : « L'idée de Dieu, même si elle est beaucoup moins claire que les notions mathématiques dont la philosophie mécaniste fait un usage constant, possède au moins un avantage d'ordre pratique : elle nous garantit l'existence d'un ordre idéal éternel. Un monde habité par un Dieu qui aura le dernier mot peut bien disparaître dans les flammes ou se figer dans la glace, nous savons que ce Dieu n'oubliera pas les anciens idéaux et qu'il les fera éclore ailleurs. De sorte que là où il se trouve, la tragédie est passagère et circonscrite, le naufrage et la dissolution ne sont ni absolus ni définitifs. »[3]. « La croyance spiritualiste sous toutes ses formes, écrit James, a affaire à un monde plein de *promesses*, tandis que le soleil matérialiste sombre dans un océan de désenchantement »[4].

La thèse de Clifford semblait reposer sur un privilège exclusif conféré à l'intellect, au détriment de l'affectivité. Mais pour William James, cette opposition est en trompe-l'œil. Ce n'est pas l'intellect que le sceptique oppose aux mobiles affectifs (l'espérance du croyant), mais un motif tout aussi affectif : la crainte de se tromper. Crainte légitime,

1. W. James, *La signification de la vérité*, III, trad. fr. du collectif DPHI, Éditions Antipodes, « Écrits philosophiques », 1998, p. 66 et p. 74.

2. W. James, *Le pragmatisme*, 8e Leçon : « Pragmatisme et religion », Paris, Flammarion, 2007, p. 302.

3. *Ibid.*, 3e Leçon : « Considérations pragmatiques sur quelques problèmes métaphysiques », p. 157.

4. *Ibid.* p. 158.

sans doute, mais qui, poussée à ce point, détermine chez les esprits instruits et imbus de rationalité « une sorte de paralysie de la faculté de croire, par une aboulie timorée dans le domaine religieux »[1]. Ce qu'il faut maintenant comparer, ce ne sont pas les mérites respectifs de la raison et des passions – match dont le résultat est connu d'avance, puisque la raison en est l'arbitre – mais les valeurs respectives de deux attitudes identiquement fondées sur des affects. Prendre position sur les hypothèses qui fondent les promesses des religions, expose à un risque d'être dupé. Mais « duperie pour duperie, qu'est ce qui prouve que la duperie par l'espoir soit pire que la duperie par la crainte ? »[2]. L'importance de l'enjeu me donne « le droit de choisir le type de risque que je souhaite prendre », et de préférer le risque de me tromper à celui de passer à côté du salut éternel.

Le désir que les hypothèses religieuses soient vraies répond, on vient de le voir, au « besoin d'une garantie supérieure »[3], et ce « besoin d'un ordre moral éternel est l'un des plus profond qui soient ancrés en nous »[4]. Ici, la position de William James est extrêmement paradoxale en ce qu'il rompt avec une idée qui fait pour ainsi dire corps avec la philosophie elle-même depuis Socrate : que pour bien penser et bien juger, il importe de se libérer autant que possible de soi, c'est-à-dire aussi bien de ce qui tient à la nature (spécifique ou individuelle) du sujet que de ce qui découle de sa situation particulière. L'esprit est supposé placer au-dessus de ses croyances l'impératif de les justifier au regard de normes situées au-delà de la subjectivité, parce

---

1. W. James, Préface à *La volonté de croire*, trad. fr. L. Moulin, Paris, Les empêcheurs de penser en rond, 2005, p. 35.
2. W. James, *La volonté de croire*, X, *op. cit.*, p. 79.
3. W. James, *Le pragmatisme*, 3e leçon, p. 167.
4. *Ibid.*, p. 157.

que valables pour toute pensée. En se soumettant à la preuve, l'esprit se libère de la contingence du vécu, c'est-à-dire de soi. Ce qui me convient ne saurait constituer le critère d'une pensée juste. Einstein disait qu'« on détermine la vraie valeur d'un homme en notant, en premier lieu, à quel degré et dans quel sens il est arrivé à se libérer du moi »[1]. Cela vaut sur le plan moral, mais aussi bien cognitif. Or James ne voit pas du tout les choses ainsi : une fois identifié ce penchant de la croyance à suivre « la crainte et l'espoir, le préjugé et la passion, l'imitation et la partialité, l'influence de la caste et du milieu »[2], la tâche qui s'impose est de demander si ce type d'inclination « est répréhensible et pathologique ou si, au contraire, il doit être considéré comme parfaitement normal ». James considère que ce penchant correspond à un fonctionnement légitime de l'entendement. Il fait observer que c'est un acte du désir et de la volonté qu'on rencontre à l'origine même de notre quête de la vérité : « Notre croyance à la vérité elle-même, en l'idée qu'il y a une vérité et que nos esprits et elle sont faits l'un pour l'autre, qu'est-elle sinon l'affirmation passionnée d'un désir que soutient notre système social ? »[3]. Et « la science elle-même consulte son cœur lorsqu'elle pose comme biens suprêmes de l'humanité l'établissement infini des faits et l'élimination des croyances fausses »[4] :

> La thèse que je soutiens peut se résumer ainsi : notre nature passionnelle non seulement *est en droit* de trancher, mais *doit* trancher lorsqu'une alternative véritable entre des propositions ne peut être décidée sur des fondements

1. A. Einstein, *Comment je vois le monde*, trad. fr. M. Solovine, R. Hanrion, Paris, Flammarion, 1958, p. 10.
2. W. James, *La volonté de croire*, III, *op. cit.*, p. 55.
3. *Ibid.*, III, p. 56.
4. *Ibid.*, I, p. 73.

intellectuels ; en pareille circonstance, juger qu'il ne faut pas trancher la question mais la laisser ouverte constitue tout autant une décision passionnelle que le fait de la trancher, et elle s'accompagne du même risque de laisser échapper la vérité[1].

Or, les « propositions » de la religion sont justement de celles dont la vérité « ne peut être décidée sur des fondements intellectuels » (s'il en allait différemment, ces propositions ne feraient pas débat).

> Si la religion est vraie mais que les preuves en sa faveur demeurent insuffisantes, je ne tiens aucunement, en laissant ma nature (qui semble bien avoir quelque rôle à jouer ici) être étouffée, à me voir confisquer la seule chance que j'aie en cette vie de me trouver du bon côté – cette chance dépendant de mon inclination à courir le risque d'agir comme si mon besoin passionnel que le monde soit religieux était prophétique et correct[2].

L'attitude intellectualiste est d'autant plus inappropriée que la religion consiste en un rapport personnel du croyant à un Dieu lui-même personnel. La foi est une démarche active, supposée répondre au don que Dieu fait en se révélant à nous. Cette démarche est susceptible d'engager Dieu – s'il existe – en notre faveur, exactement de la même manière que dans les relations interhumaines, j'attends de mes propres démarches en direction des autres qu'elles les déterminent à s'intéresser en retour à moi. « Dieu lui-même, en somme, peut puiser dans notre fidélité une véritable force vitale, un accroissement de son être »[3].

1. *Ibid.*, IV, p. 58-59.
2. *Ibid.*, X, p. 79-80.
3. W. James, « *La vie vaut-elle d'être vécue ?* », dans *La Volonté de croire, op. cit.*, p. 89.

Cela n'interdit pas d'opter pour le scepticisme, l'agnosticisme ou l'athéisme. Mais cela les prive de la justification dont on les couvre lorsqu'on veut les faire passer pour les seules options rationnelles, intellectuellement rigoureuses : « Je ne nie pas que nous soyons en droit d'attendre si cela nous plaît, mais si nous le faisons, c'est à notre risque, tout autant que si nous croyions. Dans les deux cas, nous *agissons*, nous prenons notre vie en mains »[1]. « Refusez de croire, et vous aurez raison, car vous périrez sans retour ; croyez, et vous aurez encore raison, car vous serez sauvé. Antérieurement à votre acte, deux univers étaient *possibles* ; par votre foi ou votre refus de croire, vous rendez l'un d'eux réel »[2].

QUELQUES DIFFICULTÉS DU POINT DE VUE DE JAMES[3]

Sans doute James a-t-il raison de refuser l'idée « qu'un véritable amant de la vérité doit [...] ressentir l'impression que, pour que la vérité soit la vérité réelle, il faut qu'elle apporte à toutes nos satisfactions d'éventuels messages de mort »[4]. Mais il n'est pas vrai que la crainte de se tromper soit une passion ou un désir comme les autres. Les affects qui portent à croire (par exemple aux dogmes révélés) sont des inclinations qui ont pour objet le *contenu* de ces dogmes (vie éternelle, triomphe de la justice, choses éminemment

---

1. W. James, *La volonté de croire*, X, *op. cit.*, p. 83.
2. W. James, *La vie vaut-elle d'être vécue ?*, *op. cit.*, p. 87.
3. Pour une discussion plus détaillée des thèses de James et du débat avec Clifford, il faut absolument lire Jacques Bouveresse, *Peut-on ne pas croire ?*, Marseille, Agone, 2007, en particulier « Faut-il défendre la religion ? ».
4. W. James, *La signification de la vérité*, VI, II, *op. cit.*, p. 109.

souhaitables). La crainte de se tromper n'est pas une répugnance à l'endroit de tel ou tel point du dogme proposé à notre croyance, auquel cas on pourrait faire entrer dans une même pesée les affects intervenant de part et d'autre. Cette crainte porte sur la *forme* même du jugement : sa vérité ou sa fausseté. Le raisonnement de James serait pertinent contre un athée qui refuserait de croire par exemple parce qu'il nourrit une certaine animosité contre l'intolérance historique de l'Église, contre le cléricalisme ou parce que la perspective des châtiments éternels inflige à sa conscience une terreur insupportable. Mais il est certainement possible, en tout cas en droit, de juger des questions religieuses sans passions relatives au contenu des dogmes. Alors qu'il est impossible de juger *de quoi que ce soit* sans être habité par la crainte de se tromper.

On est aussi en droit de s'interroger sur la simple *possibilité* pour nous de croire quelque chose dans la conscience claire que cette croyance est fondée (en partie au moins) sur nos désirs et notre intérêt[1].

Il y a des domaines dans lesquels ce que nous croyons influe certainement sur ce qui arrivera : l'éducation, l'amour et bien d'autres relations interhumaines reposent même sur ce principe. Mais il y a aussi des domaines où mes croyances ne sont d'aucun effet sur le réel. Il est difficile de concevoir que ce que je crois au sujet de l'existence de Dieu ou de la vie éternelle puisse contribuer à y changer quoi que ce soit. L'idée que Dieu puisse devoir à ma foi « un accroissement de son être » est théologiquement assez suspecte.

---

1. Le même problème se posait à propos de la foi morale chez Kant. Un très joli *Propos* d'Alain met littéralement en scène cette difficulté (5 avril 1924 : « Le Lieutenant-colonel Subtil », *Propos sur les pouvoirs*, Paris, Gallimard, 1985, n° 55).

Dans *La signification de la vérité* (Préface), James écrit : « toutes choses égales par ailleurs, entre deux visions concurrentes de l'univers dont la première dénie à l'homme quelque besoin vital alors que la seconde le satisfait, la seconde serait préférée par les hommes sains d'esprit pour la simple raison qu'elle fait paraître le monde plus rationnel »[1]. Cela rappelle assez la « foi morale » de Kant. Mais est-ce si sûr ? Il faut mettre en balance les probabilités respectives a) que le monde et nos besoins psychiques soient harmonieusement ordonnés ; à supposer même qu'on puisse ici parler de « besoins » : leur satisfaction ne conditionne pas la possibilité de la vie, mais seulement un certain confort mental (et il ne va pas de soi que la vie psychique du croyant soit forcément plus confortable) b) que divers processus psychiques (déterminés psychologiquement, mais aussi socialement, culturellement) nous amènent à former des « besoins » sans rapport avec les capacités du monde réel à les satisfaire.

Enfin, que l'*essence* de la vérité, ce qui la *définit*, soit ordonnée aux avantages et à la satisfaction que nous procure une idée, une représentation ou une conception – thèse centrale du pragmatisme – a donné lieu à bien des discussions. Suivre ces débats nous entraînerait trop loin. Il semble toutefois difficile de ne pas accorder un certain poids aux objections que Bertrand Russell a opposées aux conceptions jamesiennes de la vérité et de la croyance religieuse[2].

1. W. James, *La signification de la vérité, op. cit.*, p. 23.
2. On lira en priorité les deux chapitres des *Essais philosophiques* (trad. fr. C. et J.-P. Cometti, Paris, P.U.F., 1997) que Bertrand Russell a consacrés à ce qui ressemble à une réfutation en règle, chap. IV : « Pragmatisme » et chap. V : « La conception de la vérité de William James ». Sur la question plus spécifique de la religion : *Pourquoi je ne suis pas chrétien*, trad. fr. G. Le Clech, Montréal, Lux Editeur, 2011.

Il faut encore ajouter ceci : la justification jamesienne de l'attitude religieuse et de la croyance en général ne vaut pas réhabilitation du principe de la soumission passive aux autorités. D'abord parce que le désir issu de notre « besoin d'un ordre moral éternel » n'est habilité à trancher entre des hypothèses que lorsque la question « ne peut être décidée sur des fondements intellectuels ». Ensuite parce que le raisonnement de James n'a mobilisé que des arguments intellectuels pour déterminer la place qu'il convient de réserver à une foi fondée dans « un avantage d'ordre pratique ». Le droit de « notre nature passionnelle » à « exercer un choix entre les propositions qui lui sont soumises » n'a nullement été fondé sur des considérations passionnelles mais seulement rationnelles. James ne défend jamais le pragmatisme au nom d'une quelconque préférence affective. De sorte qu'en quelque façon la raison, si elle n'a pas sur tous les sujets le dernier mot, demeure toujours l'instance suprême de juridiction. Revenant sur l'ensemble de son argumentation, James achève *La Volonté de croire* en écrivant : « J'avoue ne pas apercevoir comment on peut échapper à cette logique »[1]. Il s'agit bien de *logique* : manière de dire qu'il se rangerait à une autre conclusion si on lui opposait une réfutation rationnelle qui lui parût probante. On est même en droit de demander s'il n'y a pas là un désaveu implicite du principe même du pragmatisme.

---

1. W. James, *La volonté de croire*, X, *op. cit.*, p. 81.

CONCLUSION

On peut toujours, comme Albéric Profitendieu dans *Les faux-monnayeurs*, d'André Gide, affirmer que « les préjugés sont les pilotis de la civilisation », et préférer qu'on inculque au peuple, comme les sages gardiens de *La République* de Platon, les « nobles mensonges » nécessaires à la solidité du tissu social[1]. « Le plus sage des législateurs », dit Pascal parlant du précédent, avait compris que « pour le bien des hommes, il faut souvent les piper »[2]. Machiavel encourage cyniquement les politiques à faire prendre l'apparence qu'ils donnent d'eux-mêmes pour la réalité et à cultiver la crédulité du peuple, en vertu du principe selon lequel « tout ce qui tend à favoriser la religion doit être bienvenu, quand même on en reconnaîtrait la fausseté »[3]. Quand on veut conduire ou gouverner les hommes, « il faut avoir une pensée de derrière », qui n'est pas « la pensée du peuple »[4]. « Opinions du peuple saines », écrit plusieurs fois Pascal, et saines bien que pipées, puisque le peuple croit « qu'il faut honorer les gentilshommes [...] parce que la naissance est un

---

1. Platon, *République*, III, 389 b et 414 b-c.
2. Pascal, *Pensées*, LG 56 ; Br 294 ; L 60.
3. *Discours sur la Première décade de Tite-Live*, I, 12, Machiavel, *Œuvres*, Paris, Gallimard, 1952, p. 415.
4. Pascal, *Pensées*, LG 84 et 83 ; Br 336 et 337 ; L 9 et 90.

avantage effectif »[1], quand en réalité cet honneur ne va qu'à des « grandeurs d'établissement », toutes de convention ; puisque ce peuple croit légitime de plein droit un pouvoir qui prend son origine dans la violence et l'usurpation. Mieux : les croyances du peuple sont saines *parce que* pipées, et sous cette condition qu'il ne voie pas le dessous des cartes. Le médecin compte sur l'effet placebo et sur sa capacité à persuader le patient des chances qu'il a de guérir. Le professeur sur la confiance de l'élève en son savoir. Faire croire, impératif auquel n'échappe aucun pouvoir.

La nécessité de faire croire n'est pas ordonnée aux seuls projets de domination sur les hommes. Elle s'impose à l'autorité la plus légitime, et c'est un vrai problème qu'affrontent nos sociétés démocratiques modernes : comment faire pour que l'indispensable surveillance civique sous laquelle doit être en permanence placé tout pouvoir, qu'il soit politique, militaire, technique, médical, scolaire, médiatique, etc., ne génère pas une impuissance à croire, donc à obéir ? L'École a pour devoir d'élever l'enfant à l'esprit critique, mais quand il y entre, la seule disposition qui vaille est une foi aussi solide que naïve en la valeur ce qu'il vient y apprendre. Mais Internet et les réseaux sociaux lui offrent mille raisons de ne pas croire à ce qu'il n'a même pas commencé d'entendre. La démocratie, n'est-ce pas l'égalité ? Pourquoi ne serais-je pas, moi, apte à juger aussi bien qu'un professeur du Collège de France ? On sait ce que Flaubert écrivait à l'article « Diplôme » du *Dictionnaire des idées reçues* : « Ne prouve rien ». Ce que

---

1. Pascal, *Pensées*, LG 85 ; Br 335 ; L. 92. Sur les « grandeurs d'établissement », voir le second des *Trois discours sur la condition des grands*.

disent l'État, les médias, la science, la médecine, l'École est mille fois par jour révoqué en doute sur l'écran de nos téléphones portables. Et cela sous couvert d'un esprit critique qui s'en prend aux raisons de croire que la Terre est ronde, mais n'en voit aucune de douter... qu'il soit possible d'en douter! Les pouvoirs eux-mêmes portent probablement la principale responsabilité dans cet état des choses. Il est bien difficile à l'industrie pharmaceutique, à des institutions de santé publique, mais aussi à des technocrates ou des politiques, de restaurer une confiance entamée par trop de mensonges, de malversations et de scandales.

Il reste qu'on ne rend jamais hommage à la croyance, voire à la crédulité, qu'en se plaçant au point de vue surplombant d'un savoir. On trouvera d'autant plus de vertus aux préjugés qu'on ne les partage pas. C'est reconnaître la supériorité de la connaissance. Non quant à la puissance : la croyance est presque toujours plus forte, jusqu'à devenir irrésistible quand elle s'empare du grand nombre. Mais parce que la connaissance implique ce dont est privée une croyance satisfaite d'elle-même : la conscience de sa propre insuffisance. Aucun savoir ne va sans l'exigence de se dépasser vers un meilleur savoir : plus exact, plus fin, plus approfondi, plus vrai. En vertu de la réflexivité qui constitue son essence, le savoir porte en lui-même la dynamique de cette remise en question. Un savoir qui ne cultive pas cette aspiration n'en est plus vraiment un, il tombe par là à la croyance. Sortir de la croyance pour accéder au savoir est toujours une expérience positive. Cela est vrai au suprême degré pour l'esprit religieux lucide, dont la visée ultime est bien d'abandonner la croyance en entrant dans la vie éternelle, puisque « la foi et l'espérance ne peuvent coexister avec la vision de l'essence divine »[1]. Désormais celui qui vivait dans la croyance *saura* ce qu'il n'avait jusque-là que cru et espéré. Paul l'a dit[2], Augustin et Thomas d'Aquin l'ont répété[3] : foi et espérance passeront, l'amour seul ne passera pas.

Ici-bas, le chemin qui mène de la croyance au savoir ne s'accomplit pas toujours avec facilité. Mais à moins de n'avoir plus l'entièreté de ses facultés, on ne le parcourt pas en sens inverse. Galilée tirait un fort argument en faveur de l'hypothèse héliocentrique du fait que de tous ses défenseurs qui avaient d'abord adhéré au géocentrisme, aucun n'était revenu à son ancienne opinion, « quelque raison qu'il ait pu entendre »[4]. Il n'est pas même besoin de sortir de l'erreur ou de l'illusion pour jouir de cette félicité, analogue à celle qui accompagne une guérison. Il suffit de commencer à comprendre, c'est-à-dire à se rendre intelligible, ce qu'on n'avait jusque-là qu'appris d'autrui ou constaté comme un fait isolé. C'est ce genre de joie que devrait savoir procurer l'École, lorsque l'élève comprend par des raisons géométriques et mécaniques comment le sentiment d'immobilité peut habiter le passager d'une planète dont il savait déjà de longue date qu'elle était en mouvement.

Cette joie de comprendre n'est rien d'autre que l'affect qui accompagne l'accroissement de notre puissance d'agir, c'est-à-dire, selon la définition de Spinoza, « le passage

1. Thomas d'Aquin, *Somme théologique*, IIa IIae, Quest. 175, art. 3.
2. Paul, Ier *Épître aux Corinthiens*, I, 13.
3. Augustin, *Soliloques*, VII, 14. Thomas d'Aquin, *Somme théologique*, IIIa, Quest. 7, art. 3.
4. Galilée, *Considérations sur l'opinion copernicienne* (1615). Ce texte majeur de l'histoire de la science occidentale se trouve dans *Galilée. Aspects de sa vie et de son Œuvre*, Paris, P.U.F., 1968, p. 136-145.

d'une moindre perfection à une plus grande »[1]. Ce passage ne consiste pas en une augmentation quantitative du nombre des connaissances. Il résulte d'un accroissement du degré de *compréhension*, au sens étymologique : par son dynamisme propre, l'entendement saisit une plus large étendue de rapports entre les choses. Spinoza pense la croyance – en tant qu'elle diffère du savoir – à partir d'une théorie de l'imagination. « Imagination » ne s'entend pas ici au sens traditionnel d'une faculté d'inventer ou de créer des fictions. C'est le *régime* de fonctionnement de l'esprit, lorsqu'il forme des idées selon l'ordre aléatoire et contingent (c'est-à-dire le désordre) dans lequel le hasard des circonstances nous fait rencontrer le monde environnant. De sorte que les idées produites en l'esprit de cette façon n'ont entre elles aucune connexion rationnelle, aucun lien logique. Elles sont « déliées », « mutilées », c'est-à-dire isolées des causes qui les déterminent à se former dans l'esprit ; Spinoza dit « inadéquates ». Savoir, c'est au contraire enchaîner nos idées des choses selon l'ordre intelligible de leurs rapports rationnels.

Il s'agit donc moins de chasser nos croyances pour mettre à leur place des connaissances, que de former nos pensées conformément à l'ordre rationnel, c'est-à-dire objectif, des choses. Ce qui veut dire : intégrer *les croyances elles-mêmes* à la compréhension la plus englobante possible des causes qui les ont engendrées. Combattre les préjugés racistes ou sexistes, ce n'est pas les extirper des esprits au moyen d'une contre-propagande efficace. C'est mettre ces esprits en présence des vérités (par exemple celles de la science biologique) que nous connaissons sur les races humaines ou la différence des sexes. C'est aussi exhiber

---

1. Spinoza, *Éthique*, III, « Définitions, des affects », 2.

les mécanismes par lesquels ces préjugés se sont constitués et se sont fixés dans les mentalités. Biologie et histoire (du colonialisme et, surtout, de la décolonisation) sont les meilleurs préservatifs contre le racisme.

On est souvent confondu par les ressources immunitaires dont dispose la croyance pour se protéger contre les assauts extérieurs, à commencer par ceux de la raison et de la connaissance. Au premier rang de ces dispositifs protecteurs se trouvent les effets de groupe, que Bergson analyse dans *Les deux sources de la morale et de la religion* :

> L'adhésion de chacun se renforce de l'adhésion de tous. Déjà, au théâtre, la docilité du spectateur aux suggestions du dramaturge est singulièrement accrue par l'attention et l'intérêt de la société présente. Mais il s'agit d'une société juste aussi grande que la salle, et qui dure juste autant que la pièce : que sera-ce, si la croyance individuelle est soutenue, confirmée par tout un peuple, et si elle prend son point d'appui dans le passé comme dans le présent ? Que sera-ce, si le dieu est chanté par les poètes, logé dans des temples, figuré par l'art ? Tant que la science expérimentale ne se sera pas solidement constituée, il n'y aura pas de plus sûr garant de la vérité que le consentement universel. [...] Pour cela des exercices continuellement répétés sont nécessaires, comme ceux dont l'automatisme finit par fixer dans le corps du soldat l'assurance morale dont il aura besoin au jour du danger. C'est dire qu'il n'y a pas de religion sans rites et cérémonies. À ces actes religieux la représentation religieuse sert surtout d'occasion. Ils émanent sans doute de la croyance, mais ils réagissent aussitôt sur elle et la consolident : s'il y a des dieux, il faut leur vouer un culte ; mais du moment qu'il y a un culte, c'est qu'il existe des dieux. Cette solidarité du dieu et de l'hommage qu'on lui rend fait de la vérité religieuse une chose à part, sans

commune mesure avec la vérité spéculative, et qui dépend jusqu'à un certain point de l'homme[1].

La religion n'a pas l'exclusivité de cette sorte d'effets. Il est bien difficile, quand on défile à cent mille en cortège, de ne pas être persuadé de marcher, chanter et scander des slogans pour une juste cause. Est-ce à dire que la société, les autres, le groupe, nous condamnent à la croyance? Non, car ils sont aussi le chemin vers le savoir. Au même chapitre de la *Critique de la raison pure* où il réfléchit sur la différence « De l'opinion, du savoir et de la foi », Kant écrit :

> La pierre de touche servant à reconnaître si la créance est une conviction ou une simple persuasion est donc extérieure : elle consiste dans la possibilité de la communiquer et de la trouver valable pour la raison de chaque homme; car alors on peut au moins présumer que la raison de l'accord de tous les jugements, malgré la diversité des sujets entre eux, reposera sur un fondement commun, je veux dire sur l'objet, avec lequel, par suite, tous les sujets s'accorderont, prouvant par là même la vérité du jugement[2].

De là se tirent le principe politique de la liberté de penser, et celui, moral, de la tolérance :

> On dit bien que la liberté de parler ou d'écrire peut assurément nous être enlevée par une autorité supérieure, mais non point la liberté de penser. Quels seraient toutefois le champ et la rectitude de notre pensée si nous ne pensions

---

1. H. Bergson, *Les deux sources de la morale et de la religion*, chap. II : « La religion statique », Paris, P.U.F., 1970, p. 1143-1146; p. 208-212 dans l'édition séparée des P.U.F.

2. Kant, *Critique de la raison pure*, « De l'opinion, du savoir et de la foi », *op. cit.*, p. 1376.

> pas pour ainsi dire en communauté avec d'autres, dans une communication réciproque de nos pensées ! On peut donc dire que cette autorité extérieure qui arrache aux hommes la liberté de faire part publiquement, chacun, de ses pensées, leur arrache en même temps la liberté de penser [...][1].

Telles sont les conditions intellectuelles d'un dépassement de la croyance vers le savoir. Mais il y faut aussi des conditions morales. Car on peut être intelligent, instruit, et même très savant, et pourtant manquer d'esprit critique. Il faut de la volonté, et, disons-le, du courage. Le courage nécessaire pour surmonter une tendance à la facilité, à cette ivresse de croire dont Alain disait qu'il faut se priver. Le courage de secouer le confort du système de pensées et de croyances dans lesquelles on est soi-même installé, le courage de se passer d'autorités et de modèles indiscutés. Croire est trop souvent la facilité de se dispenser de l'*effort* réflexif : la paresse intellectuelle, que Kant tenait pour responsable de l'état de minorité où l'homme se complaît trop souvent (*Qu'est-ce que les Lumières ?*). Un système d'Éducation nationale devrait former des tempéraments aptes, sinon à la rébellion, du moins à cette « ferme et constante résolution » de bien juger que Descartes nommait générosité. Il est à craindre que nous n'y parvenions encore qu'assez mal.

---

1. Kant, *Qu'est-ce que s'orienter dans la pensée ?* (1786), *Œuvres*, t. II, « Bibliothèque de la Pléiade », Paris, Gallimard, p. 542.

BIBLIOGRAPHIE SÉLECTIVE

Cette bibliographie ne concerne que la philosophie ; les ouvrages strictement théologiques, par exemple, n'y figurent pas. Mais on ne négligera pas les ressources infinies que fournit la littérature, sur ce thème comme sur tous ceux qu'interroge la philosophie.

Antiquité et Moyen Âge

AUGUSTIN, *Les soliloques*, « Bibliothèque de la Pléiade », Paris, Gallimard, 1998.

– *La lumière intérieure*, textes choisis par Jean-Claude Fraisse, Paris, P.U.F., 1965, p. 178-194.

AVERROÈS, *Discours décisif*, Paris, Garnier-Flammarion, 1996.

PLATON, *La République*, VI et VII, trad. Georges Leroux, Paris, Garnier-Flammarion, 2002

– *Gorgias*, trad. Monique Canto, Paris, Garnier-Flammarion, 1987.

Les sceptiques grecs, textes choisis par Jean-Paul Dumont, Paris, P.U.F., 1966.

THOMAS D'AQUIN, *Somme théologique*, « La foi », IIe Partie, IIe section, questions 1 à 7. Paris, Éditions du Cerf, 2000.

Philosophie moderne

ARNAULD et NICOLE, *La logique ou l'art de penser*, IVe partie, chap. XIII : « Quelques règles pour bien conduire sa raison dans la créance des événements qui dépendent de la foi humaine », Paris, « Champs »-Flammarion, 1978.

BUFFIER Claude, *Traité des premières vérités*, présentation et notes par Louis Rouquayrol, Paris, Vrin, 2020.

DESCARTES, *Discours de la méthode*, Parties I et II, Paris, Garnier-Flammarion, 2000.

DESTUTT DE TRACY, *Œuvres complètes*, édition, introduction et notes par Claude Jolly, Paris, Vrin, 2010-2018.

HUME, *Traité de la nature humaine*, I, III, 5-16, I, IV, 2, trad. Philippe Baranger et Philippe Saltel, Paris, Garnier-Flammarion, 1995.

– *Enquête sur l'entendement humain*, Section X, trad. Michel Malherbe, Paris, Vrin, 2008.

– *Histoire naturelle de la religion*, trad. Michel Malherbe, Paris, Vrin, 1980.

KANT, *Critique de la raison pure*, II : « Théorie transcendantale de la méthode », chap. II : « Le canon de la raison pure », 3e section : « De l'opinion, du savoir et de la foi », trad. Barni, revue, modifiée et corrigée par A. J. L. Delamarre et F. Marty, *Œuvres*, t. I, « Bibliothèque de la Pléiade », Paris, Gallimard, 1980.

– *Critique de la raison pratique*, Livre IIe, chap. IIe, sections IV-VI, trad. Jean-Pierre Fussler, Paris, Garnier-Flammarion, 2003.

– *Logique*, Introduction, IX, trad. Louis Guillermit, Paris, Vrin, 1982.

KIERKEGAARD, *Crainte et tremblement*, trad. Charles Le Blanc, Paris, Rivages-Poche, 2000.

LOCKE, *Essai sur l'entendement humain*, Livres III & IV, trad. Jean-Michel Vienne, Paris, Vrin, 2006.

MONTAIGNE, *Essais*, I, 27 : « C'est folie de rapporter le vrai et le faux à notre suffisance » ; II, 12 : « Apologie de Raymond Sebond » ; III, 11 : « Des boiteux », Paris, Garnier-Flammarion, 1969.

PASCAL, *Pensées*, éd. Michel Le Guern, Paris, Folio-Gallimard, 1977.

– *Trois discours sur la condition des grands*, Paris, Mille et une nuits, 2009.

Rousseau, *Émile ou de l'éducation*, Livre IVe, « Profession de foi du Vicaire savoyard », Paris, Garnier-Flammarion, 2010.

– *Lettre à Monseigneur de Beaumont*, Lausanne, L'âge d'homme, 1993.

Spinoza, *Traité théologico-politique*, Préface, chap. XIV et XV, trad. Charles Appuhn, Paris, Garnier-Flammarion, 1965.

Voltaire, *Dictionnaire philosophique*, article « Foi », Paris, Garnier-Flammarion, 2010.

Philosophie contemporaine

Alain, *Définitions*, « Confiance », « Croyance », « Fanatisme », « Foi », « Penser », et bien d'autres, dans *Les arts et les dieux*, « Bibliothèque de la Pléiade », Paris, Gallimard, 1958

– *Propos sur la religion*, Paris, P.U.F., 1969.

– *Préliminaires à la mythologie*, Paris, Tel-Gallimard, 1985.

Bouveresse Jacques, *Peut-on ne pas croire ?* Marseille, Agone, 2007.

– *Que peut-on faire de la religion ?*, Marseille, Agone, 2011.

Cioran Emil, *La Tentation d'exister*, « Sur une civilisation essoufflée », Paris, Tel-Gallimard, 1986.

Clifford William, *L'éthique de la croyance* : ce texte est disponible avec *La volonté de croire* de William James, dans la traduction de Benoît Gaultier, avec préface et postface sous le titre (fort discutable) : *L'immoralité de la croyance religieuse*, Marseille, Agone, 2018.

Comte-Sponville André, « La morale, désespérément », dans *Une éducation philosophique*, Paris, P.U.F., 1989.

– *L'esprit de l'athéisme*, Paris, Albin Michel, 2006.

Engel Pascal, « Les croyances », dans *Notions de philosophie* sous la direction de Denis Kambouchner, tome II, Paris, Folio-Gallimard, 1995.

– *Les vices du savoir. Essai d'éthique intellectuelle*, Marseille, Agone, 2019.

FREUD Sigmund, *L'avenir d'une illusion*, trad. Bernard Lortholary, Paris, Points-Seuil, 2011.

JAMES William, *La volonté de croire, L'éthique de la croyance*, trad. Benoît Gaultier, suivi de William Clifford, *L'immoralité de la croyance religieuse*, trad. Benoît Gaultier, Marseille, Agone, 2018.

– *La Volonté de croire* est aussi présentée, avec d'autres textes, au chapitre 1 du volume publié sous ce même titre, trad. Loÿs Moulin, Paris, « Les empêcheurs de penser en rond », 2005.

– *Le pragmatisme*, Leçons 5 à 8. trad. Nathalie Ferron, Paris, Champs-Flammarion, 2007.

NIETZSCHE, *Humain, trop humain*, I, § 30, trad. Patrick Wotling, Paris, Garnier-Flammarion, 2019.

– *Aurore*, I, § 89, trad. Éric Blondel, Paris, Garnier-Flammarion, 2012.

– *Par-delà bien et mal*, II, § 39, trad. Patrick Wotling, Paris, Garnier-Flammarion, 2000.

– *L'Antéchrist*, § 50, trad. Éric Blondel, Paris, Garnier-Flammarion, 1994.

POUIVET Roger, *Qu'est-ce que croire ?*, « Chemins philosophiques », Paris, Vrin, 2003.

RUSSELL, *Problèmes de philosophie*, spécialement les chapitres 12 et 13, Paris, Payot, 1989.

– *Science et religion*, trad. Philippe-Roger Mantoux, Paris, Folio-Gallimard, 1971.

– *Pourquoi je ne suis pas chrétien*, trad. Guy Le Clech, Montréal, Lux éditeur, 2011.

VALÉRY Paul, « Thêta », *Cahiers*, t. II, « Bibliothèque de la Pléiade », Paris, Gallimard, 1974.

WITTGENSTEIN Ludwig, *De la certitude*, Paris, Tel-Gallimard, 1976.

– *Leçons et conversations sur l'esthétique, la psychologie et la croyance religieuse*, trad. Jacques fauve, Paris, Folio-Gallimard, 1992.

Ajoutons…

Philosophie de la religion. Approches contemporaines, « Textes clés » réunis par Cyrille Michon et Roger Pouivet, Paris, Vrin, 2010.

BÉNATOUÏL Thomas, *Le Scepticisme*, « Corpus », Paris, Garnier-Flammarion, 1997. Choix de textes avec introduction générale, présentation des extraits, glossaire et bibliographie.

SAADA-GENDRON JULIE, *La tolérance*, « Corpus », Paris, Garnier-Flammarion, 1999.

Un outil indispensable à la réflexion : *Vocabulaire européen des philosophies*, sous la direction de Barbara Cassin, Paris, Seuil-Le Robert, 2004. Articles : *Belief, Doxa, Glaube, Croyance*, et d'autres, en suivant les renvois.

Achevé d'imprimer en décembre 2021
sur les presses de
La Manufacture - Imprimeur – 52200 Langres
Tél. : (33) 325 845 892

N° imprimeur : 211241 - Dépôt légal : décembre 2021
Imprimé en France